Manual Práctico
de Iluminación

EDICIONES UNIVERSIDAD CATÓLICA DE CHILE
Vicerrectoría de Comunicaciones
Av. Libertador Bernardo O'Higgins 390, Santiago, Chile

editorialedicionesuc@uc.cl
www.ediciones.uc.cl

MANUAL PRÁCTICO DE ILUMINACIÓN
Douglas Leonard Covarrubias

© Inscripción N° 293.366
  Derechos reservados
  Agosto 2018
  ISBN 978-956-14-2271-1

Edición de texto, diseño y diagramación:
  Mónica Cox
  Ángeles Vidaurre
  Beatriz López

Ilustraciones:
  Holley Jolley

Fotografía:
  María Cox
  Mónica Cox
  Omar Faúndez

CIP - Pontificia Universidad Católica de Chile

Leonard, Douglas, autor.
Manual práctico de iluminación / Douglas Leonard Covarrubias.
Incluye bibliografía.

1. Alumbrado eléctrico – Manuales.
I. t.

2018   621.32   +   DC 23   RDA

Concurso Fondedoc 2015

28° Concurso Fondo de Desarrollo de la Docencia
Vicerrectoría Académica - Pontificia Universidad Católica de Chile

FACULTAD DE ARQUITECTURA,
DISEÑO Y ESTUDIOS URBANOS

Manual Práctico de Iluminación

Douglas Leonard Covarrubias

Mis más sinceros agradecimientos a:

Pontificia Universidad Católica de Chile.
Facultad de Arquitectura, Diseño y Estudios Urbanos.
FONDEDOC por haber apoyado este Proyecto.

Mario Ubilla, nuestro Decano, por creer en este proyecto y aceptar ser el ilustrador de la portadilla de este libro.

Jose Allard, nuestro Director, por su permanente apoyo.

Y a todos los que colaboraron en él.

CONTENIDOS

INTRODUCCIÓN

Este manual fue creado con el objeto de entregar información práctica a las personas relacionadas con el Diseño, la Arquitectura, el Diseño de Ambientes y todas las disciplinas afines.

Si bien existe un gran número de textos, catálogos de fabricantes de fuentes de luz y de equipos de iluminación, no había un documento que concentrara información de interés relevante al momento de aproximarse a un proyecto o diseño de iluminación.

Se ha recurrido a muchas fuentes para condensar los contenidos en tablas, gráficos y recomendaciones prácticas. Toda la información contenida en este manual ha sido recopilada desde libros, catálogos, manuales de organismos internacionales y fabricantes internacionales de reconocido prestigio como Philips, Osram, General Electric, Erco, Iguzzini, Lamp, Flos, Zumtobel, Westinghouse, Deltalight, Targetti, Reggiani entre otros.

1

HISTORIA DE LA LUZ

1.1. Historia de las fuentes de luz

La luz artificial entró en la historia de la humanidad con el dominio del fuego. Esto se constituye como los primeros logros del hombre, lo que ha ido evolucionando con el tiempo, como se podrá ver en la página siguiente.

1.2. Línea de tiempo: fuentes de luz

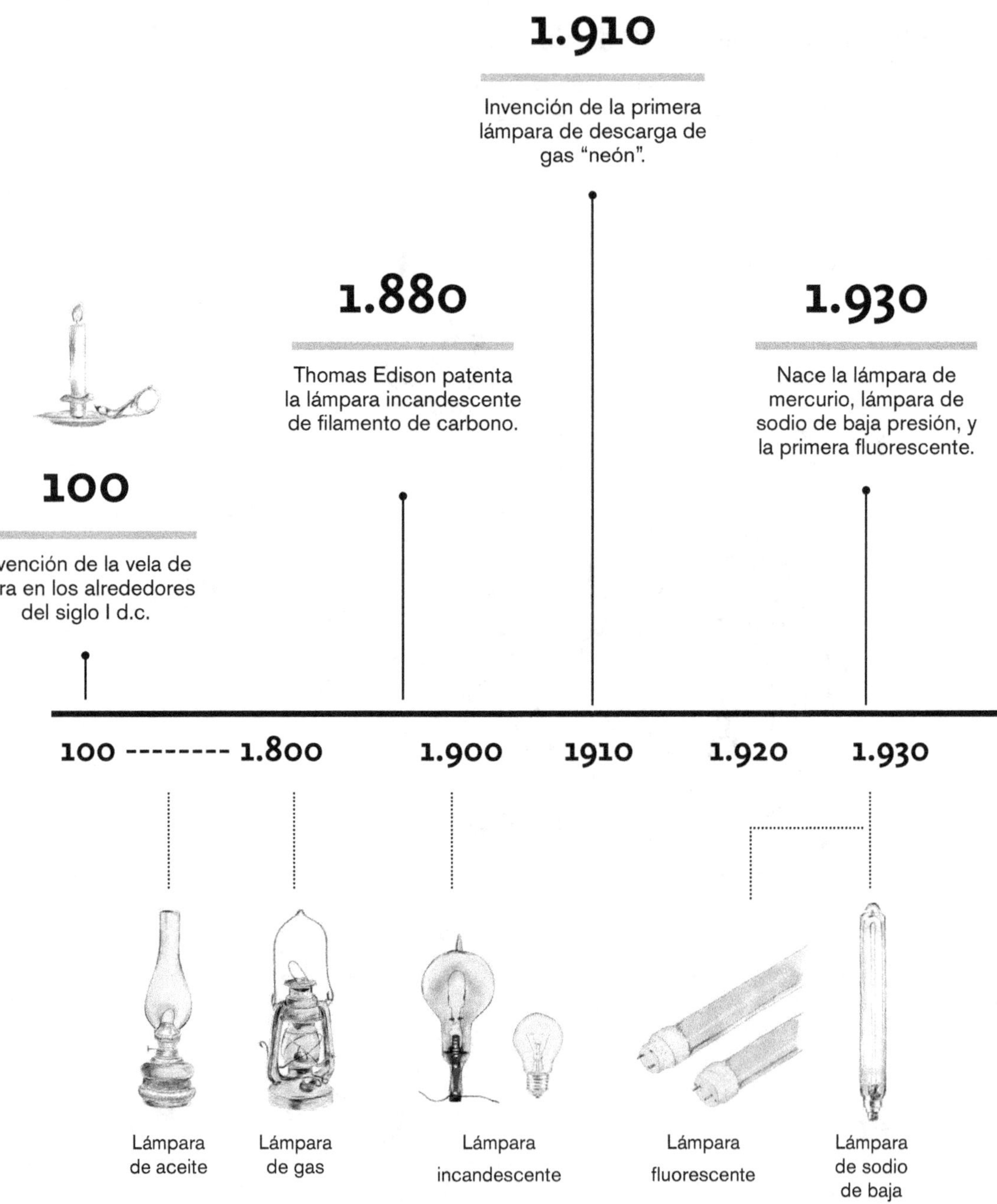

1.990

Mejoras de lámparas en cuanto a su discriminación del color, desarrollo de fluorescentes con menos mercurio, surgimiento del LED de color azul.

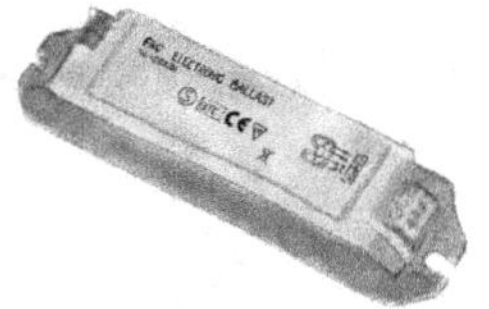

1.970

Surgen las fluorescentes de alta discriminación de color, y nace el ballast electrónico.

2.000

Proliferación de los LEDs blancos, y evolución y desarrollo de tecnología e iluminación LED.

1.980

Introducción de las fluorescentes CFL, T10 y T8. Primeros signos de LED & Electroluminescencia. Desarrollo del ballast electrónico.

1.960

Lámpara de sodio de alta presión, lámpara de haluros metálicos, y lámparas correctoras de color.

1950	1.960	1.970	1.980	1.990	2.000

Lámpara halógena	Mercurio de alta presión color corregido	Primer LED	Lámpara halógena dicroica BV, G6,35	Lámpara de haluro metálico	Fibra óptica	LEDs blancos

Philipps (1985) Pag. 7 - 27

1.3. Principales fuentes y sus creadores

Nikola Tesla

(Croacia,1856 - New York, 1943)

Fue el promotor más importante del nacimiento de la electricidad comercial. Se le conoce, sobre todo, por sus numerosas y revolucionarias invenciones en el campo del electromagnetismo, desarrolladas a finales del siglo XIX y principios del siglo XX.

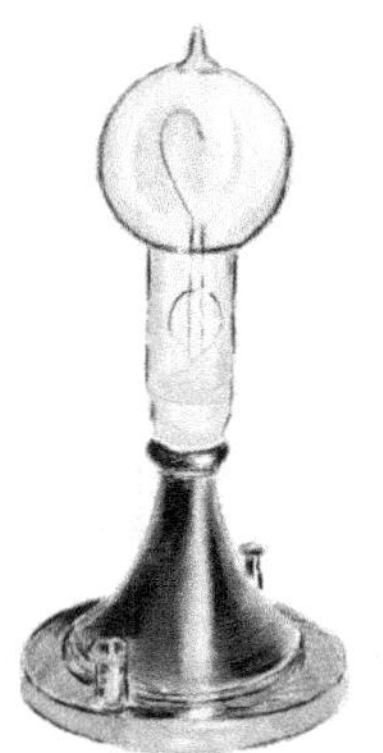

Thomas Edison

(Milán,1847 - New Jersey, 1931)

Aunque el invento de la lámpara incandescente se le atribuye a Thomas Edison, él solo fue el primero en patentarla, el 27 de enero de 1880; con el número 285.898, consiste en una bombilla con un filamento de carbono incandescente, la primera que fue comercialmente viable fuera de los laboratorios.

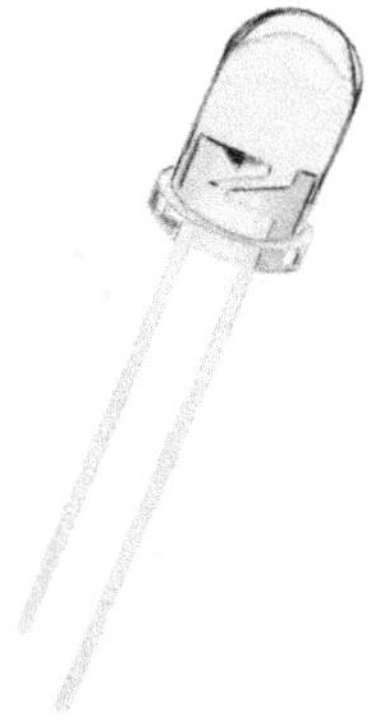

Nick Holonyak Jr.

(Izeigler, llinois, 1928)

Inventó el primer LED en 1962 mientras trabajaba como científico asesor en un laboratorio de General Electric en Nueva York, y es considerado "el padre del diodo emisor de luz". Es profesor de Ingeniería eléctrica e Ingeniería informática en la Universidad de Illinois en Urbana-Champaign donde trabaja desde 1993.

1.4. Diseño de iluminación arquitectónica

Richard Kelly

(Nueva York,1910 - 1977)

Es uno de los pioneros de la iluminación arquitectónica. Participó en proyectos de importantes arquitectos como Mies van der Rohe, Louis Kahn o Philip Johnson, desarrolló los fundamentos de una planificación de luz diferenciada e influenciada por la iluminación de escena.

Iluminación arquitectónica

A principios de la década de los cincuenta comenzó a surgir la iluminación arquitectónica, gracias a Richard Kelly, un pionero en la planificación de luz cualitativa.

Kelly define tres principales formas de luz:

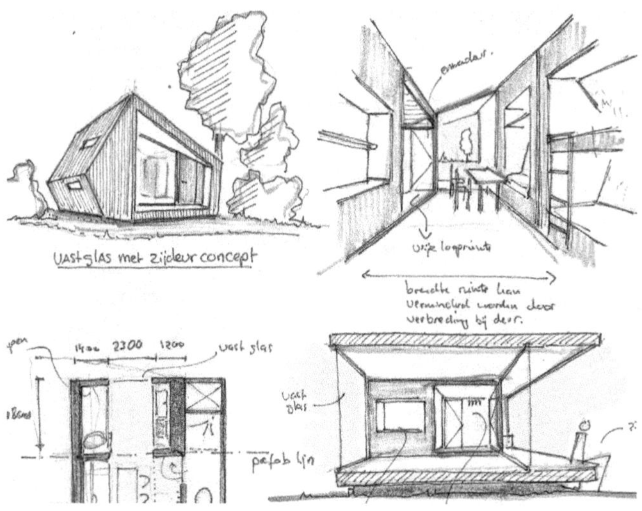

(Richard Kelly)

1. "Luz para ver"
Se proporciona una iluminación general del entorno, con el fin de que los objetos y las personas sean visibles. En general se realiza una orientación amplia y uniforme con los conceptos de la planificación de luz cuantitativos.

2. "Luz para mirar"
Las zonas con mayor iluminación traen la atención del hombre, destacando áreas importantes en cuanto a información a través de la acentuación, y dejar en un segundo plano las informaciones menos importantes o molestas con un nivel de iluminación más bajo.

3. "Luz para contemplar"
Efectos de brillo, que son causados por fuentes de luz puntuales sobre materiales brillantes o reflectivos; pero también la propia fuente de luz puede ser percibida como brillante. A los espacios se les puede proporcionar vida y ambiente mediante «luz para contemplar».

2

FÍSICA DE LA LUZ

2.1. Radiación

La luz es parte de un complejo de fenómenos físicos al cual le llamamos "radiación electromagnética". Está íntimamente relacionada con las señales de radio y TV, la radiación infrarroja y la ultravioleta, los rayos X, etc. Debido a la complejidad de la naturaleza de la radiación, ha quedado reducida a dos teorías:

Luz como fenómeno ondulatorio:

a) Teoría Ondulatoria de Maxwell:

La luz está formada por una serie de ondulaciones u ondas que se propagan en campos de fuerza eléctricos y magnéticos omnipresentes. Las diferentes propiedades de las formas de radiación se explican por la distinta longitud de onda.

**Sobre esta teoría se basan las leyes que rigen la propagación de la luz.*

Aspectos ondulatorios de la radiación electromagnética:
La luz debe considerarse como una vibración perpendicular a la dirección de propagación, denominada "vibración transversal". Éstas se demuestran fácilmente arrojando una piedra a un estanque de agua, donde luego del impacto de la piedra, aparecerá en el agua ondas que se propagan hacia fuera desde el punto en que penetró la piedra.

Onda longitudinal

Onda transversal

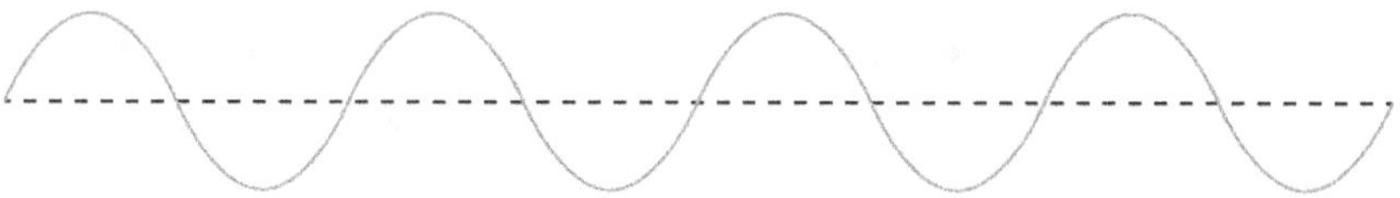

Leonard 2015. Pag. 9

La distancia entre dos crestas se denomina "longitud de onda", y la altura de la cresta respecto a la superficie se le llama "amplitud de onda". Por otro lado, el tiempo que tarda la onda en recorrer una longitud de onda se denomina "frecuencia", la cual se expresa en ciclos por segundo.

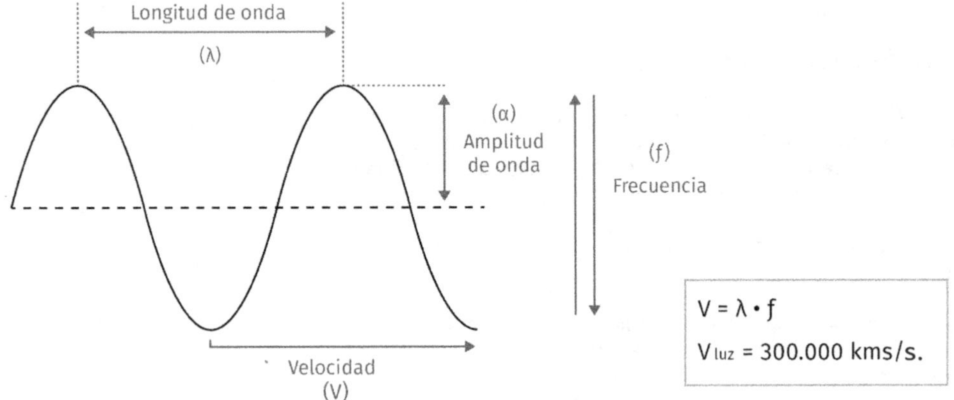

2. Teoría Cuántica de Planck:

Las formas de radiación consisten en porciones indivisibles de energía, llamadas "fotones". Los distintos tipos de radiación electromagnética consisten en cuantos de diferente contenido energético, los de energía más alta corresponden a longitudes de onda más cortas (según la teoría de Maxwell).

Esta teoría explica cómo se genera y absorbe la radiación electromagnética.

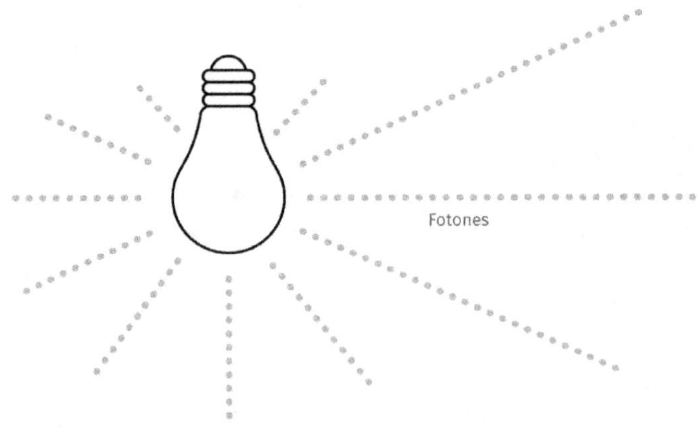

2.2. Espectro electromagnético

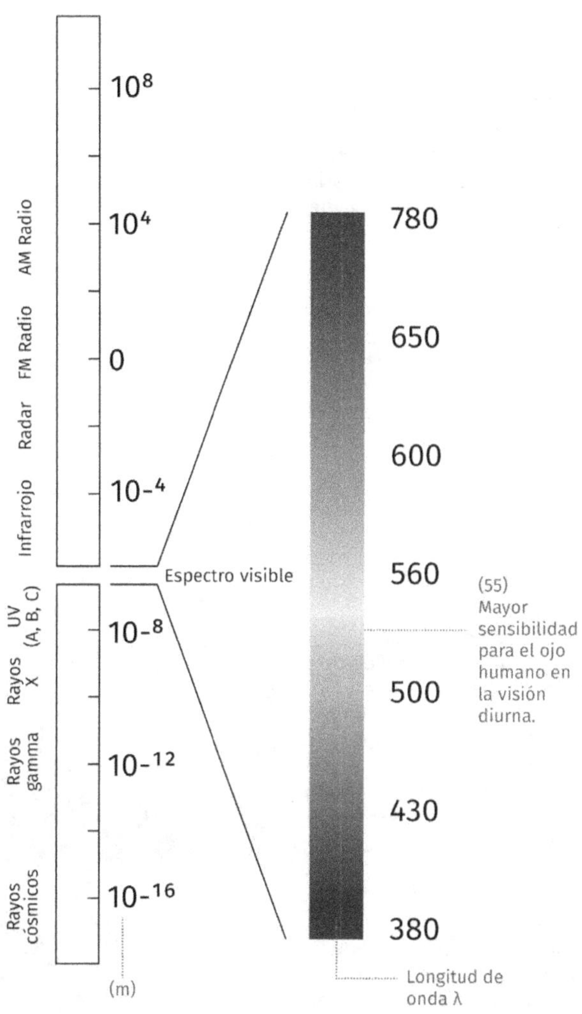

"Radiación de onda larga", corresponde al amplio espectro de radiación electromagnética, y abarca el espectro visible además de las demás radiaciones que no podemos ver.

Justo antes del espectro visible, se ubican las ondas que se perciben como calor, correspondientes a las radiaciones infrarrojo, radar y las ondas de radio.

Entre los 780 y 380 nanómetros (que corresponde a la millonésima parte de un milímetro) aparece la LUZ VISIBLE, donde las diferentes longitudes de onda proporcionan las diferencias en el color, pasando desde el rojo, naranjo, amarillo, verde, azul y llegando al violeta.

Más allá del espectro visible, está el ultravioleta, donde las longitudes de onda son más cortas, y corresponde a radiaciones que recibimos del sol.

Diagrama realizado a partir de Tornquist 2008

2.3. Propiedades ópticas de la materia

La luz se desplaza en línea recta, sin embargo, al entrar en un medio de densidad diferente, se producen distintos fenómenos, todos ellos completamente explicables a partir de la teoría ondulatoria.

A) REFLEXIÓN

Cuando la luz incide sobre la superficie de un sólido o líquido (a veces gas o vapor denso), parte de ella retrocederá o se reflejará. La porción reflejada puede variar según el color y terminaciones de la superficie en que incide. La razón entre la luz reflejada y la incidente se llama "reflectancia", que normalmente no es la misma para todos los colores espectrales.

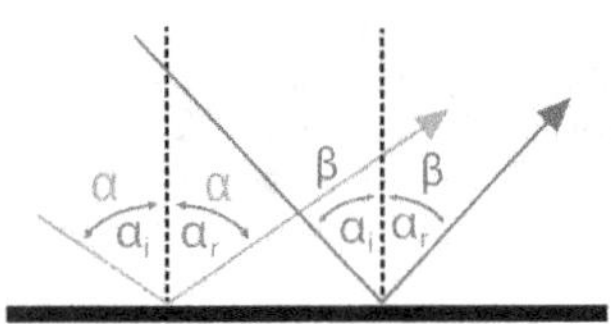

Especular

TIPOS DE REFLEXIÓN

a.1. Reflexión especular:
Cuando el haz de luz reflejado es exactamente igual que el incidente. Esto se da por ejemplo en superficies lisas, tersas, como el agua calma o un espejo. Este fenómeno nos permite vernos en un espejo pero invertido entre izquierda y derecha.

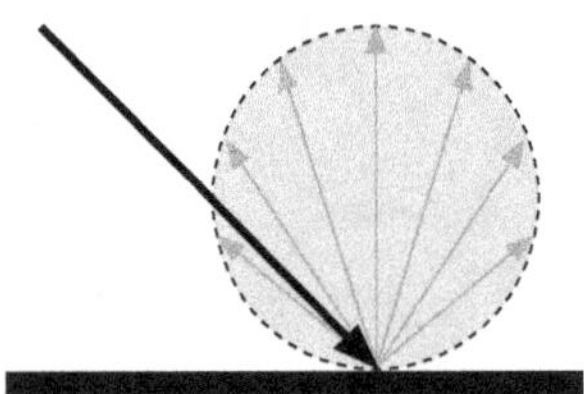

Difusa

a.2. Reflexión difusa:
Se produce cuando hay superficies con cierto grado de irregularidad, donde se dan pequeñas superficies reflectantes orientadas en todas direcciones, por lo que la luz incidente se reflejará al azar. Un ejemplo es un campo de nieve o una pared encalada.

a.3. Reflexión mixta:

Existen varias formas de reflexión especular y difusa a la vez, por lo tanto le llamaremos reflexión mixta. Una es la reflexión dispersa, en la cual el haz reflejado se dispersa dentro de un cierto ángulo (ej. Superficie de una carretera mojada). Otra es la reflexión compuesta, que consiste en una reflexión difusa con una componente dominante en la dirección especular (ej. Superficies pintadas, papel satinado).

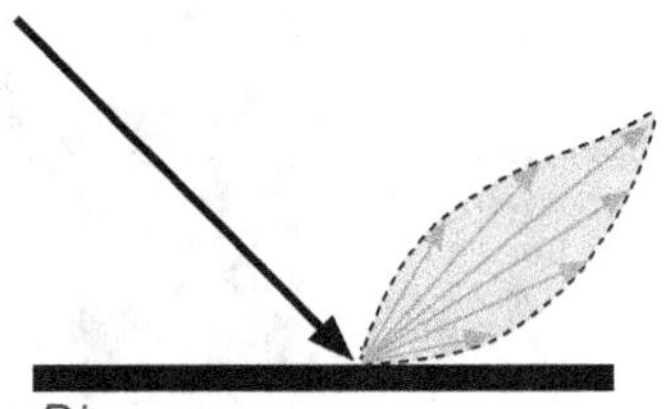

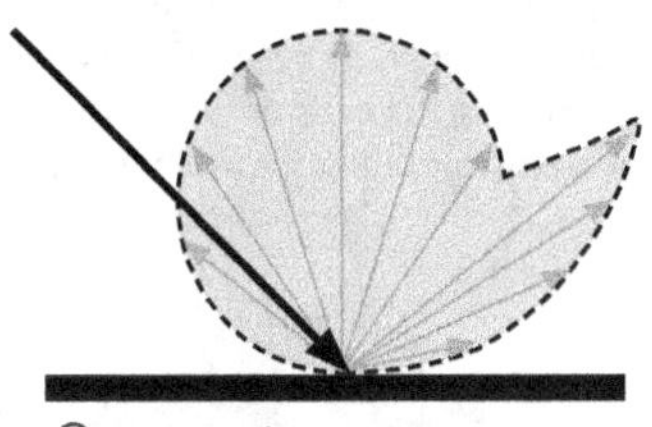

a.4. Reflexión interna total:

Cuando la luz viaja por un medio de mayor densidad que el que la rodea, como una varilla de vidrio en el aire, si ésta no tiene curvas demasiado cerradas en relación a su diámetro, la luz no podrá salir de ella. Este principio se emplea para ciertas luminarias decorativas, y también en telecomunicaciones.

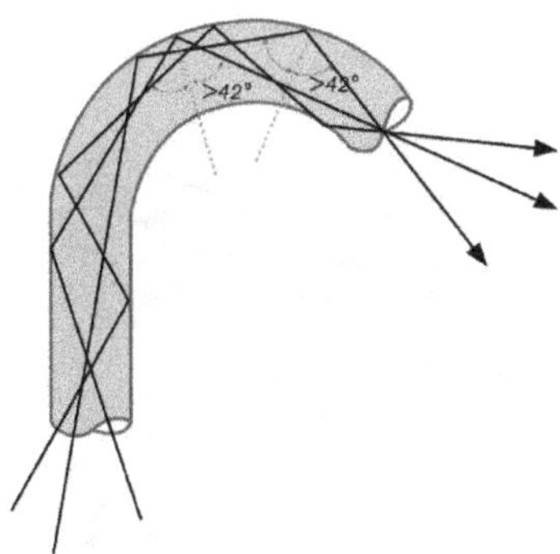

B) ABSORCIÓN Y TRANSMISIÓN

Si la luz incide sobre una superficie que no sufre reflexión, se absorbe o se transmite. Si el material no es transparente, la luz reflejada desaparece en la superficie, convirtiéndose en otra forma de energía o calor, lo que se denomina "absorción". Cuanto más perpendicular sea la dirección de incidencia, mayor absorción.

Por el contrario, si el material tiene cierto grado de transparencia, parte de la luz lo atravesará, lo que se llama "transmisión". Algunos materiales transmiten toda la luz que no reflejan y otros una pequeña porción. La relación entre luz transmitida y luz reflejada se llama "transmitancia".

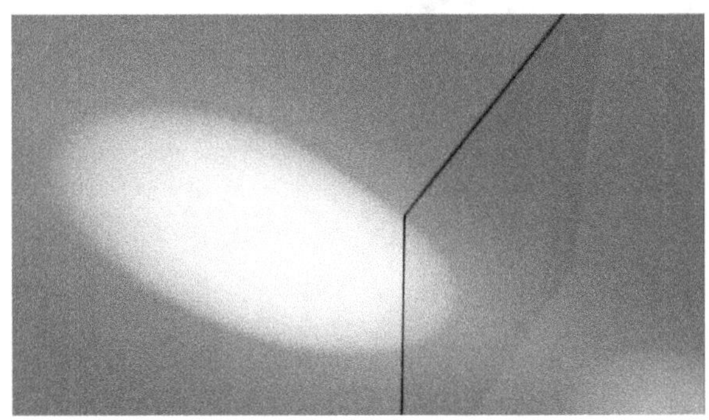

C) REFRACCIÓN

Un haz de luz, al pasar de un medio a otro, transmite su luz con un cambio de dirección respecto de la luz incidente, formándose una refracción.

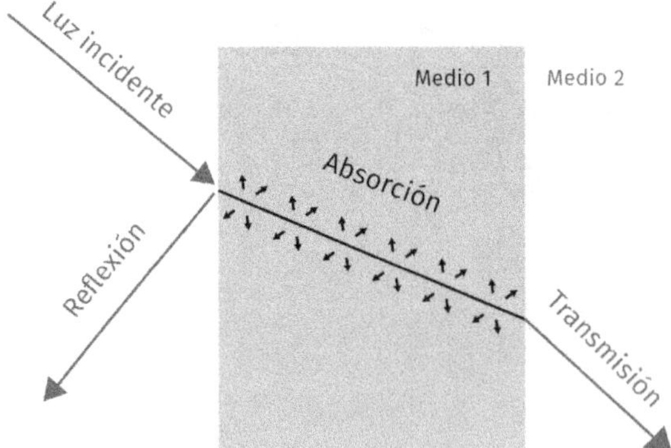

Leonard 2015. Pag. 29
Fotografías: Laboratorio de iluminación. María Cox - Omar Faúndez

2.4. Magnitudes fotométricas

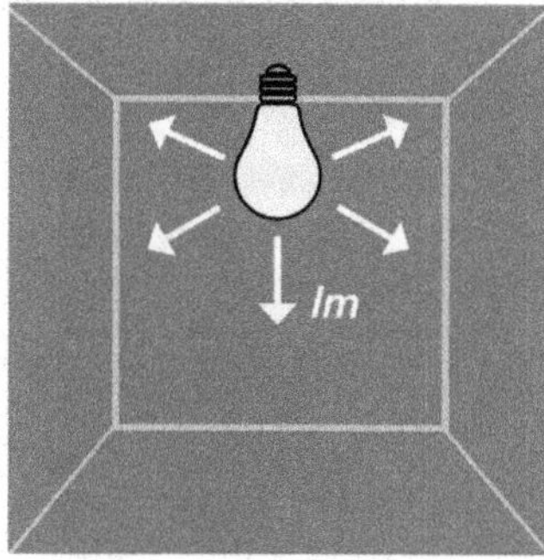

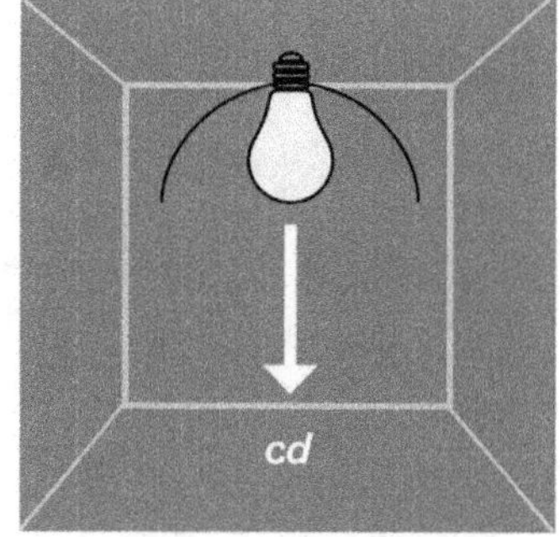

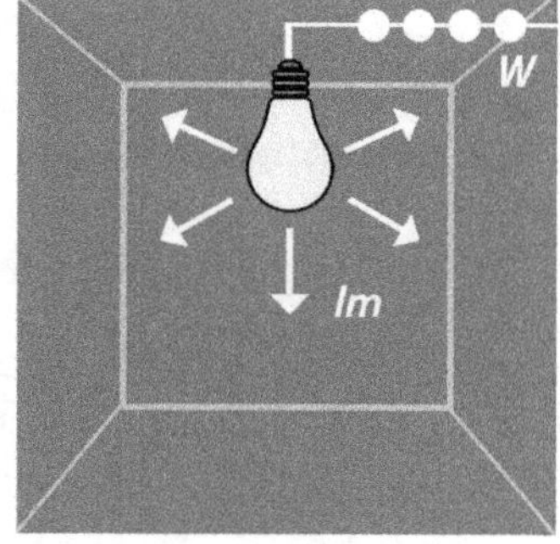

Flujo luminoso: $\varPhi$
Es la cantidad total de luz emitida por una lámpara. Se mide en lúmenes (lm).

Intensidad luminosa: I
Es la cantidad de luz emitida en una dirección determinada por unidad de ángulo sólido (ω). Se mide en candelas. (cd)

Eficacia:
Relación entre flujo luminoso (lm) y consumo eléctrico en Watts de una lámpara. Su unidad de medida es lm/W.

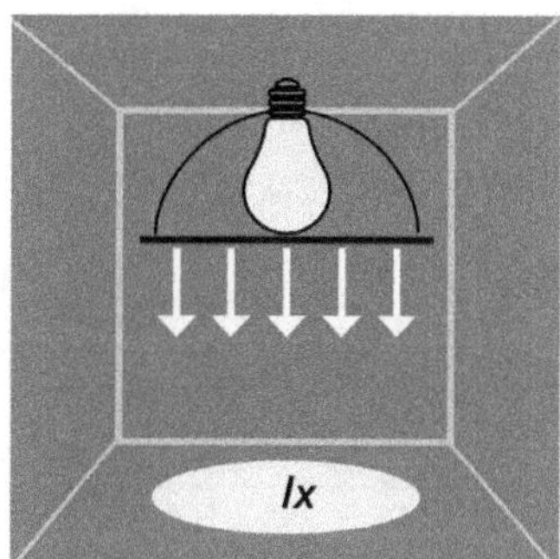

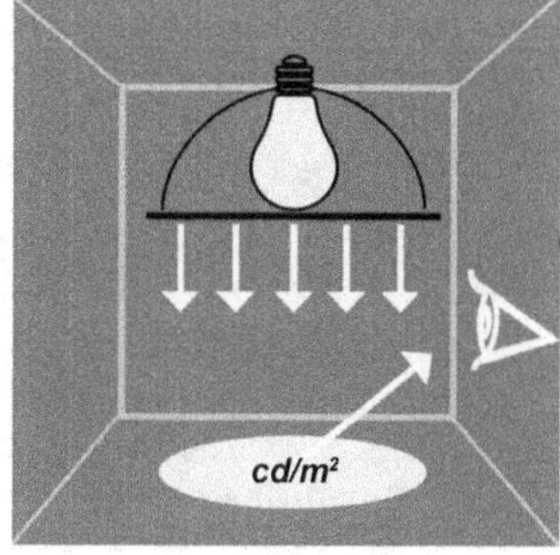

Iluminancia: $E = \dfrac{lm}{m^2} = lux$

Es la cantidad de luz o flujo luminoso que llega a una superficie

Luminancia: $L = \dfrac{I}{S_{ap}\,(m^2)}$

Es la cantidad de luz radiada por una unidad de superficie aparente en una dirección determinada.

2.5. Relación entre magnitudes

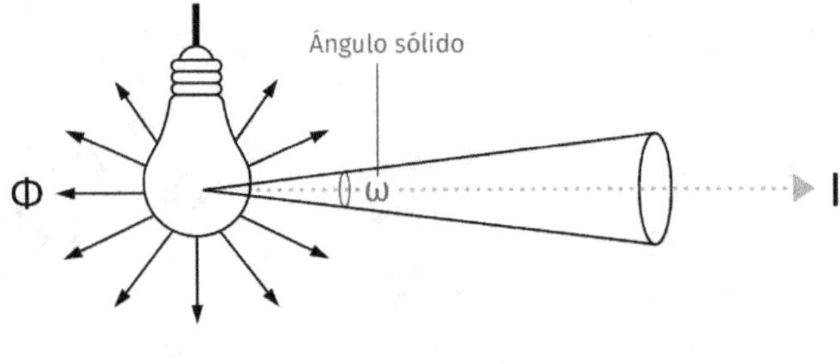

2.5.1

Relación entre lumen y candela:
1 candela = 1 lumen por steradian

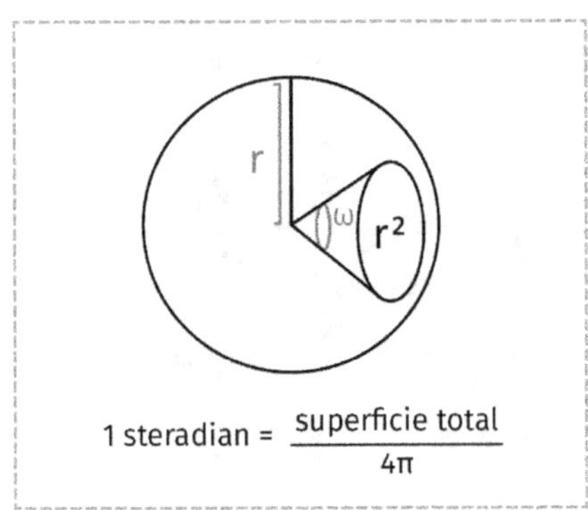

$$1 \text{ steradian} = \frac{\text{superficie total}}{4\pi}$$

2.5.2

Relación entre flujo luminoso (Φ) e intensidad (I) (para una fuente con distribución luminosa uniforme en todas direcciones)

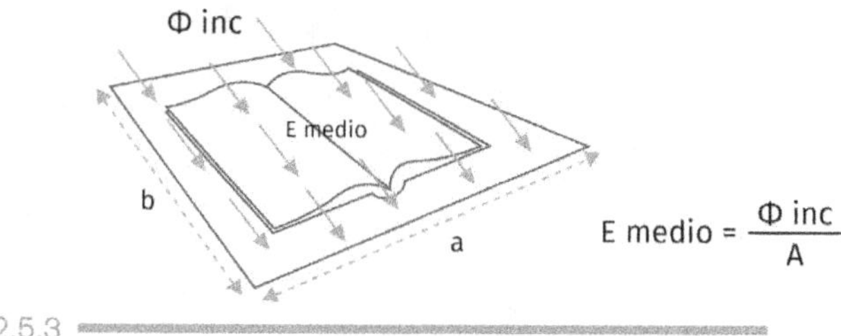

2.5.3

Relación entre flujo luminoso (Φ) y
área iluminancia promedio (*Emedio*)

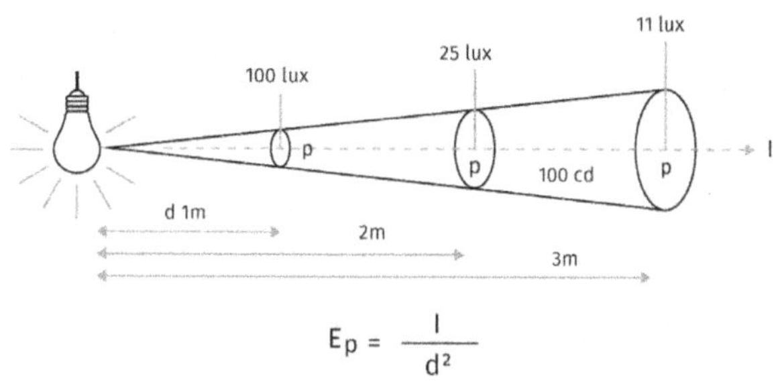

$$E_p = \dfrac{I}{d^2}$$

2.5.4

Relación entre intensidad
luminosa (I) e iluminancia en un punto (*Ep*)

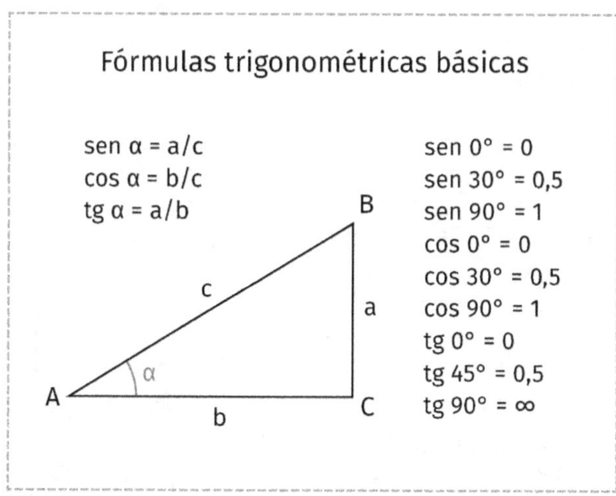

Fórmulas trigonométricas básicas

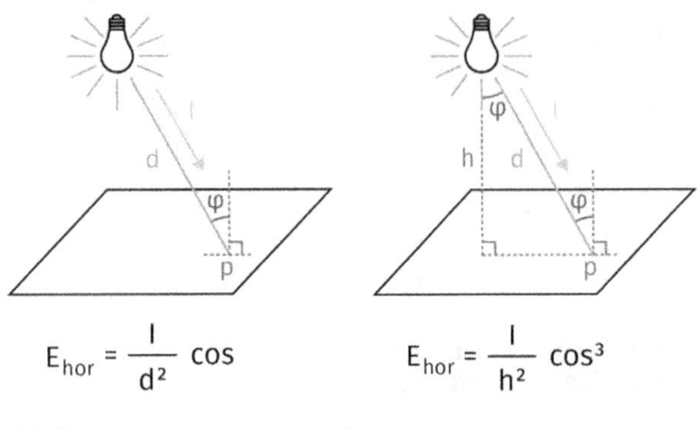

$$E_{hor} = \frac{I}{d^2} \cos$$

$$E_{hor} = \frac{I}{h^2} \cos^3$$

2.5.5

Relación entre intensidad luminosa (I) e iluminancia horizontal (*Ehor*)

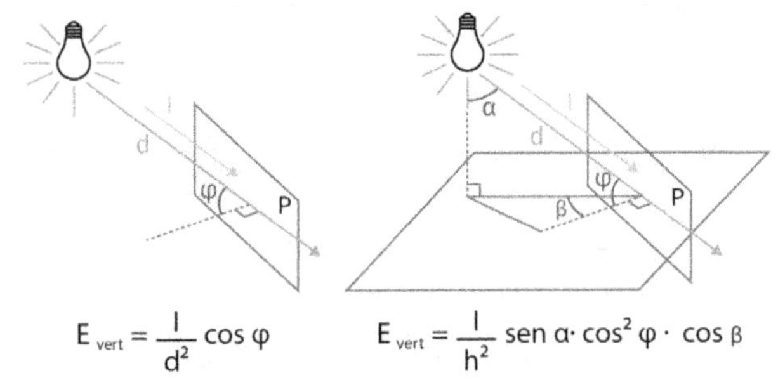

$$E_{vert} = \frac{I}{d^2} \cos \varphi$$

$$E_{vert} = \frac{I}{h^2} \operatorname{sen} \alpha \cdot \cos^2 \varphi \cdot \cos \beta$$

2.5.6

Relación entre intensidad luminosa (I) e iluminancia vertical (*Evert*)

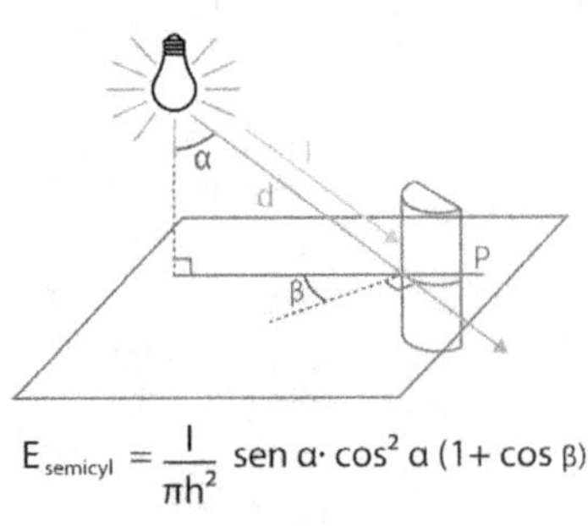

$$E_{semicyl} = \frac{I}{\pi h^2} \operatorname{sen} \alpha \cdot \cos^2 \alpha \, (1 + \cos \beta)$$

2.5.7

Relación entre intensidad luminosa (I) e iluminancia semicilíndrica (*Esemicyl*)

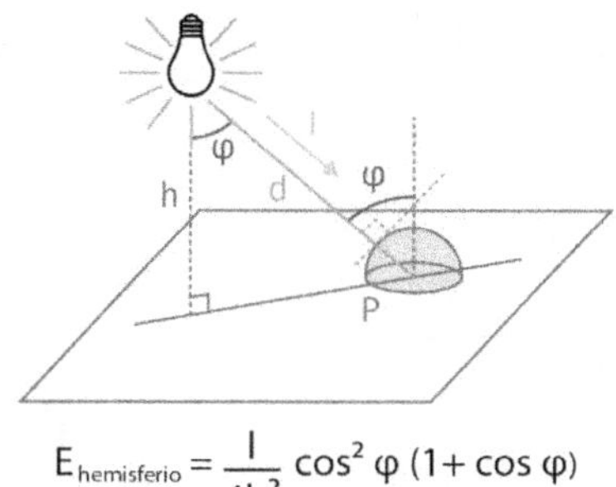

$$E_{hemisferio} = \frac{I}{4h^2} \cos^2 \varphi \, (1+ \cos \varphi)$$

2.5.8

Relación entre intensidad luminosa (I) e iluminancia hemiesférica (*Ehemisphere*)

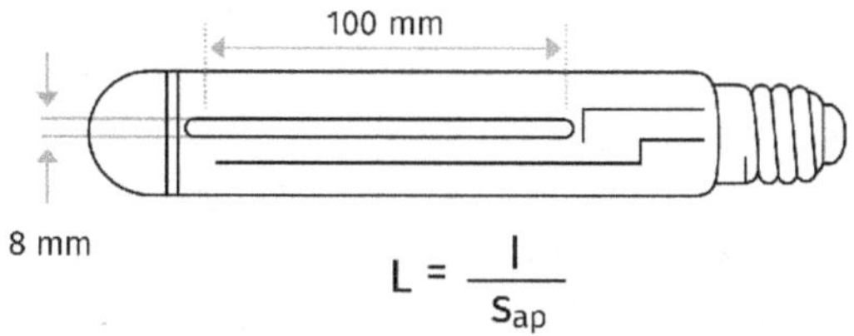

$$L = \frac{I}{S_{ap}}$$

2.5.9

Relación entre intensidad luminosa (I) y luminancia (L)

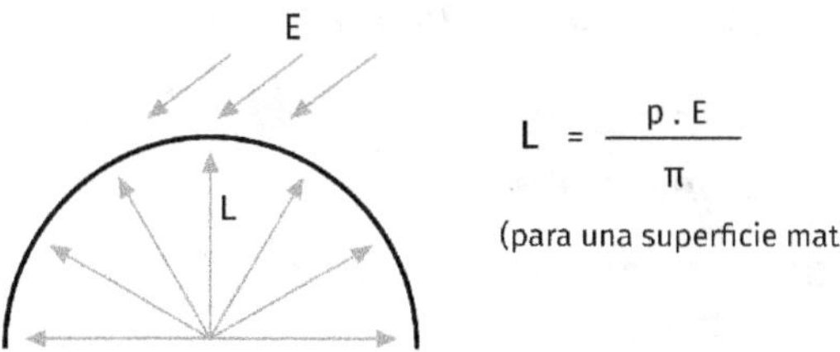

$$L = \frac{\rho \cdot E}{\pi}$$

(para una superficie mate)

2.5.10

Relación entre iluminancia (E) y luminancia (L)

3

LA VISIÓN

3.1. Ojo y cerebro

Suele decirse que el ojo es el órgano de la visión, lo que es correcto; sin embargo, no es el único, puesto que el cerebro juega un rol fundamental en este proceso. Suele ser muy natural ver, siendo que en realidad es un proceso bastante complejo que se relaciona con el cerebro.

Normalmente no se valora la enorme dificultad que implica la tarea de transformar la luz que llega a la retina en una escena visual con sentido. El cerebro realiza una compleja tarea, dice Gregory (1998). Kenneth y Cherie Fehrman (2001) respaldan lo anterior, como se puede apreciar en la siguiente cita: "Se ha descubierto que casi un tercio de la materia cerebral está involucrada en el procesamiento de la información visual". Esto quiere decir que, a pesar de la asociación directa que suele hacerse entre visión y ojo, no puede menospreciarse la labor del cerebro, que es finalmente quien realiza todo el trabajo de procesamiento de la información, para hacer posible ver las imágenes que se observan a diario.

Paso Visual de los ojos al cerebro:

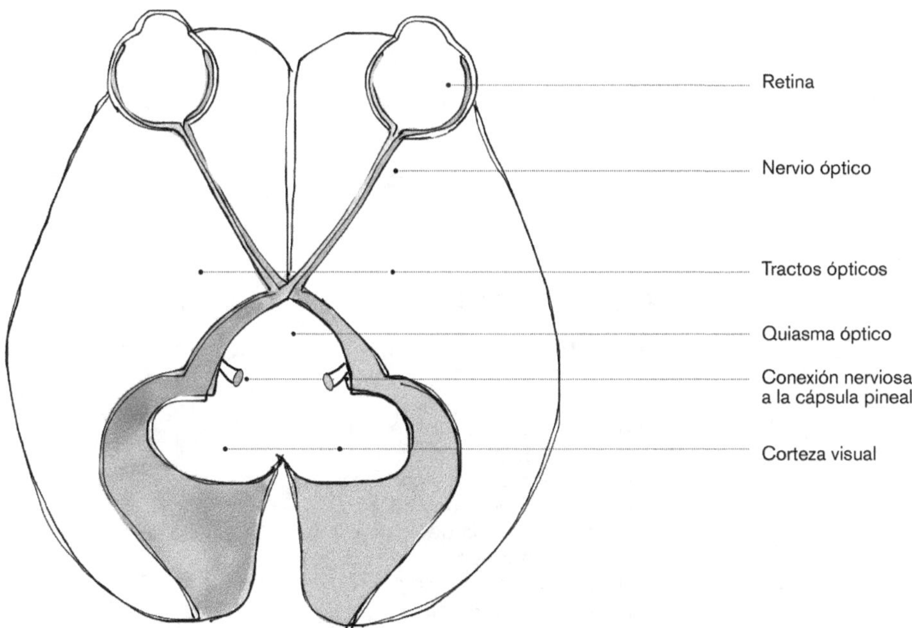

1. Imagen recogida de http://fau.pearlashes.com/anatomy
2. Erco. Cómo planificar con luz. Página 36

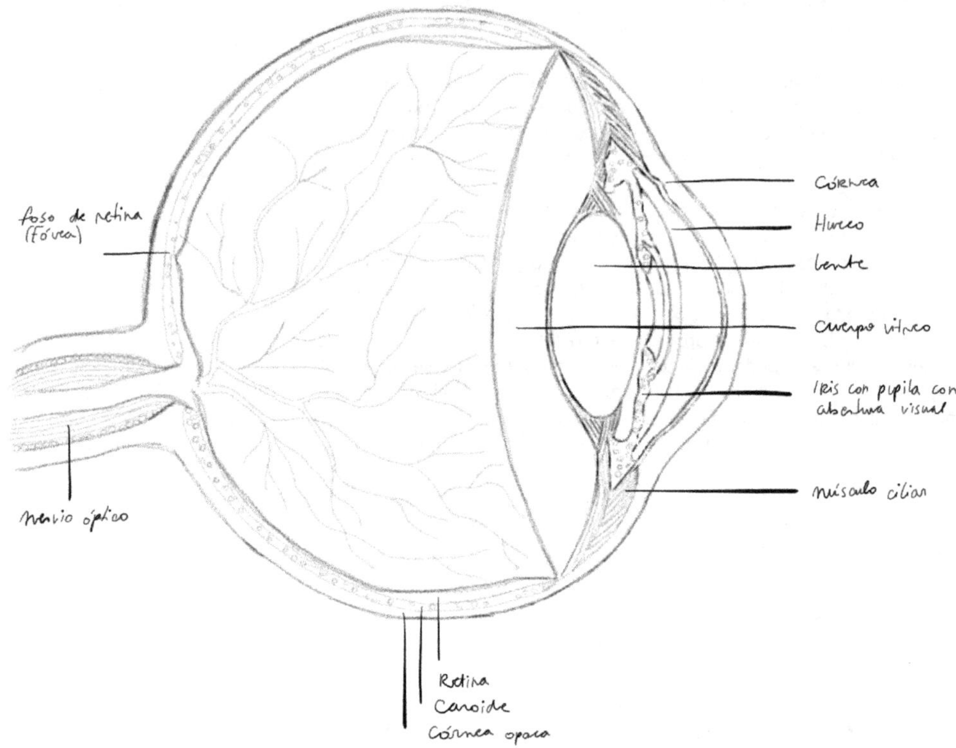

3.2. Fisiología del Ojo

Superficialmente, el ojo se asemeja a una cámara fotográfica, hasta tal punto que tiene una lente que proyecta una imagen reducida e invertida de un objeto distante sobre una superficie interna posterior sensible a la luz, denominada "retina".

(ERCO. Cómo planificar con luz)

La focalización para visión a distancias mas cortas se realiza cambiando la potencia de la lente, esto es posible porque la lente se compone de capas flexibles, de modo que los músculos ciliares al contraerse la hace más esférica. La parte exterior del ojo está formada principalmente por la "esclerótica", que es una membrana fibrosa y densa. Entre la esclerótica y la retina se encuentra otra membrana llamada "coroides", la cual contiene una multitud de vasos sanguíneos que nutren el ojo y lo oxigenan. La esclerótica en su zona frontal es transparente y se denomina córnea. Entre la córnea y el cristalino se encuentra una cortina circular llamada "iris", y es el que indica el color de ojos, que varía entre cada individuo. Al centro del iris está la pupila, que actúa como diafragma, ya que mediante la modificación de su diámetro puede controlarse la cantidad de luz que ingresa al interior. Entre el cristalino y la retina el ojo posee una sustancia gelatinosa llamada humor vítreo, que permite que el ojo mantenga su forma.

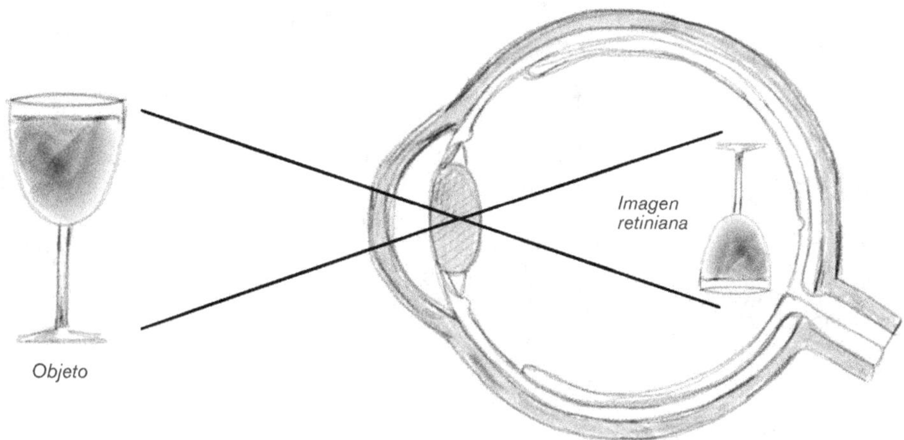

*Visión fotópica, escotópica y mesotópica:

Fotópica: Estado de visión que se da cuando hay luz suficiente, y es donde predominan los conos y se puede ver en color.

Escotópica: Para muy bajos niveles de luminancia los conos no trabajan, por lo que la visión se realiza por medio de los bastones, resultando una imagen incolora y de baja definición. Aunque sea imposible enfocar un objeto, los movimientos se detectan con mayor facilidad.

Mesotópica: Transición de un estado a otro, donde los conos aún trabajan parcialmente y ya han comenzado a trabajar los bastones. (Luminancia de entre 0,035 y 3,5 cd/m2).

3.3 El proceso visual: conos y bastones

La retina es el comienzo del sistema nervioso que conduce al cerebro. Está constituida por centenares de terminaciones nerviosas sensibles a la luz, de dos tipos, que reciben su nombre debido a su forma. Estos son los "conos" y los "bastones".

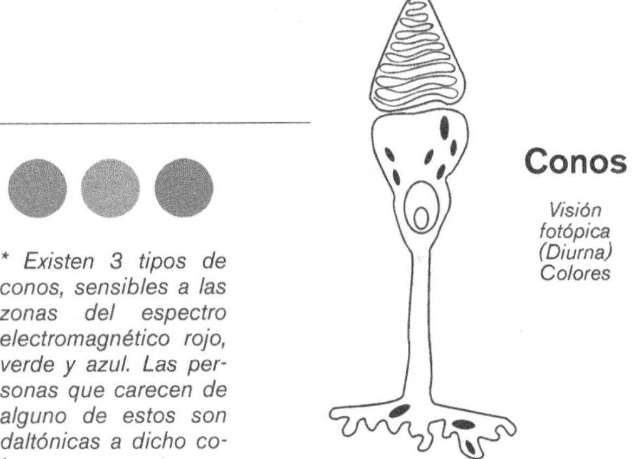

Existen 3 tipos de conos, sensibles a las zonas del espectro electromagnético rojo, verde y azul. Las personas que carecen de alguno de estos son daltónicas a dicho color.

Conos

Visión fotópica (Diurna) Colores

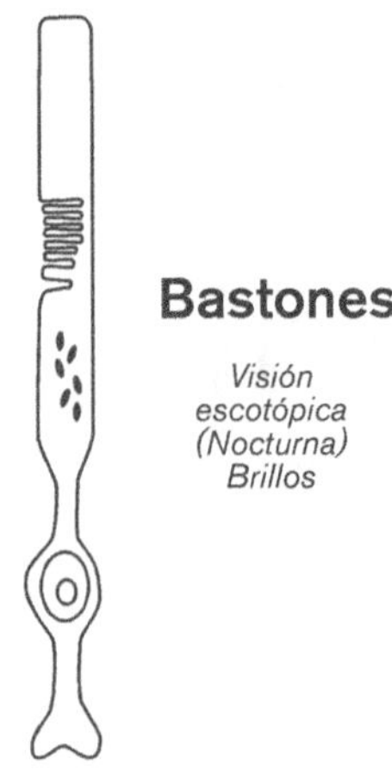

Bastones

Visión escotópica (Nocturna) Brillos

Se encuentran en la fóvea y son los responsables de que podamos ver los colores y detectar la finura de los detalles. Cada cono está conectado individualmente al cerebro, por lo que se obtiene un poder de resolución muy elevado. Los conos son sensibles a la luz, por lo que en niveles de luminancia bajas, éstos cesan sus actividades y dan paso a los bastones.

Son entre 10 y 15 veces más que los conos, y se encuentran distribuidos de forma uniforme en la retina, a excepción de unos cuantos en la fóvea, son los responsables de que podamos detectar sombras y movimientos.

Imagen y descripción: Ortiz, G. (2004, p. 49)

3.4 Funciones visuales

Acomodación:

Permite al ojo focalizar a diferentes distancias. Cuando se mira objetos cercanos, la imagen de la retina resultaría borrosa, como pasa en fotografía. Esto en el ojo se regula cambiando la distancia focal de la lente, lo que se consigue por medio de los músculos ciliares que circundan el cristalino, que al contraerse, la lente se hace más convexa acortando su distancia focal. La capacidad de acomodación varía notablemente con la edad: desde los 45 años en adelante la lectura resulta problemática sin ayuda de gafas.

Adaptación:

Permite al ojo ver con diferentes niveles de iluminación, y posee 3 procesos principales:

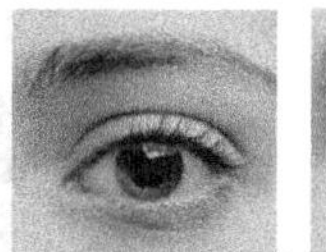
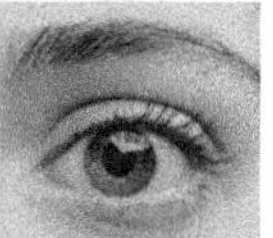

1. Cambio de tamaño de la pupila: Según la cantidad de luz disponible, varía el diámetro de la pupila, lo que tiene lugar en unas pocas decenas de segundo.

2. Adaptación transitoria: Cambio de sensibilidad de ojo, que juega un importante rol cuando se producen fuertes contrastes de luminancia en el campo visual.

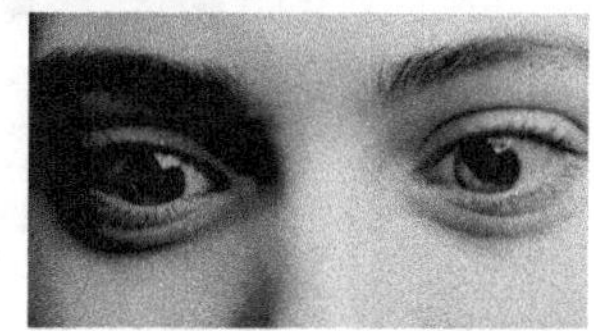

3. Adaptación fotoquímica: Cuando la luz penetra en el ojo, cambia la composición química de los pigmentos fotosensibles en bastoncillos y conos, generando una débil corriente eléctrica.

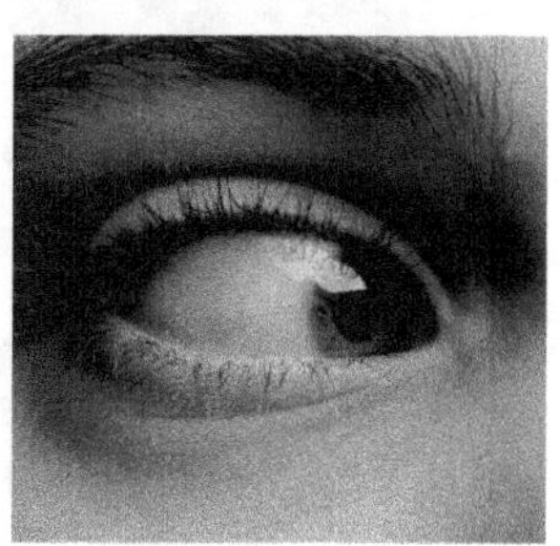

Convergencia:

Nos permite ver un único blanco con ambos ojos. Se consigue por la rotación de los ojos hacia dentro, posicionándose para observar objetos que se encuentran muy cerca o muy lejos.

3.5 Factores de la visibilidad

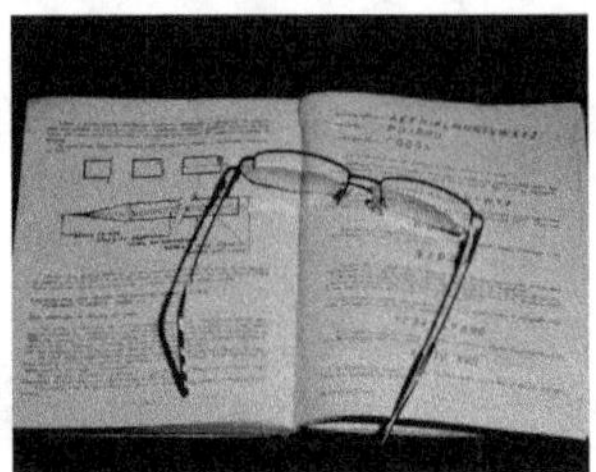

1. Tamaño de la tarea

¿Usted está mirando una escritura fina o a la lejanía?

2. Luminancia

¿Cuánta luz reflejada llega en la dirección de sus ojos?

3. Velocidad / Tiempo

¿Cuánto tiempo se tiene para poder ver un objeto? Por ejemplo, una señal de tránsito.

4. Contraste

Las tareas de alto contraste requieren menos luz que aquellas de bajo contraste.

5. Color

Es muy difícil valorar objetivamente el efecto del color en la visibilidad.

6. Edad

El sistema visual se deteriora con la edad, reduciéndose la visibilidad.

Leonard 2015. Pag. 109
Fotografías: Mónica Cox y Laboratorio de iluminación. María Cox - Omar Faúndez.

4

COLOR
DE LA LUZ

4.1 Qué es el color

El color es longitud de onda. La parte visible del espectro magnético es lo que llamamos luz, y a lo largo de todo esta sección (de
los 380 a 780 nm.) es donde podemos ver el color, pasando del
violeta al rojo.

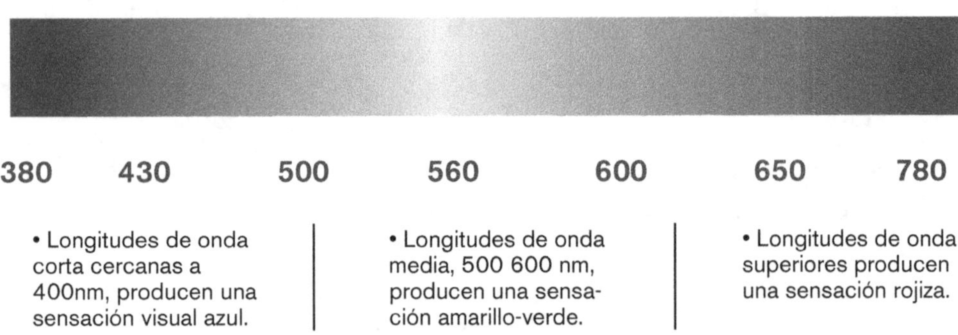

| 380 | 430 | 500 | 560 | 600 | 650 | 780 |

• Longitudes de onda corta cercanas a 400nm, producen una sensación visual azul.

• Longitudes de onda media, 500 600 nm, producen una sensación amarillo-verde.

• Longitudes de onda superiores producen una sensación rojiza.

Gregory, 1998, p.14
Tornquist (2008) p. 273

Percepción del color

Contemplamos el entorno como un espacio en que la luz y el color están presentes. El tema del color es un asunto complicado, porque influyen muchas variables para la apreciación del color, como las características de la fuente de luz y el rendimiento de color de las superficies iluminadas.

Un objeto coloreado posee color porque refleja la luz selectivamente. Los objetos no tienen color, sino que sólo tienen la habilidad de reflejar el color de la fuente de luz que está presente. Sin presencia de luz, no vemos colores. Para poder percibir el color de un objeto, dicho color debe estar presente en la fuente de luz que ilumina el objeto. Por lo tanto, si vemos rojo, es porque la fuente de luz posee un alto porcentaje de color rojo, y al mismo tiempo, el objeto iluminado refleja el color rojo que ya posee, y los demás colores los absorbe.

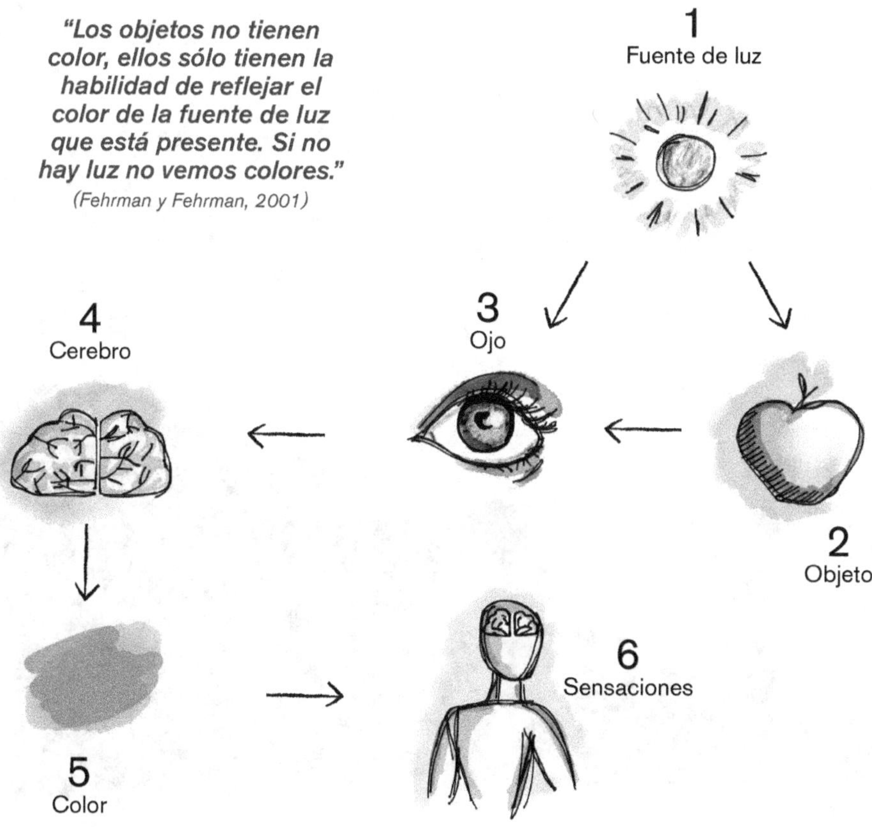

Fehrman y Fehrman, 2001, p. 5

4.2 Color y el espectro continuo

El espectro en el cual están todas las longitudes de onda representadas se denomina "espectro continuo", y un claro ejemplo es la luz de día. Una superficie roja se apreciará de ese color cuando se ilumina con una fuente que posee un espectro continuo, pero si se ilumina con una luz con mayor presencia de tonos azul-violeta y amarillo, esta superficie se verá de color grisáceo.

La percepción del color es el resultado de la interacción entre la fuente de luz y el objeto. No todos los colores espectrales se encuentran en todas las fuentes de luz. La luz del día es la ideal para apreciar los colores, pues como dijimos anteriormente, posee todos los colores del espectro en su composición. Sin embargo, hay algunas fuentes artificiales que se asemejan a la luz del sol en este sentido, como la lámpara incandescente, que a pesar de que posee menor longitud de onda hacia los colores azulados y mayor hacia los rojizos, posee todos los colores del espectro electromagnético.

Luz natural

Lámpara incandescente

Tornquist 2008

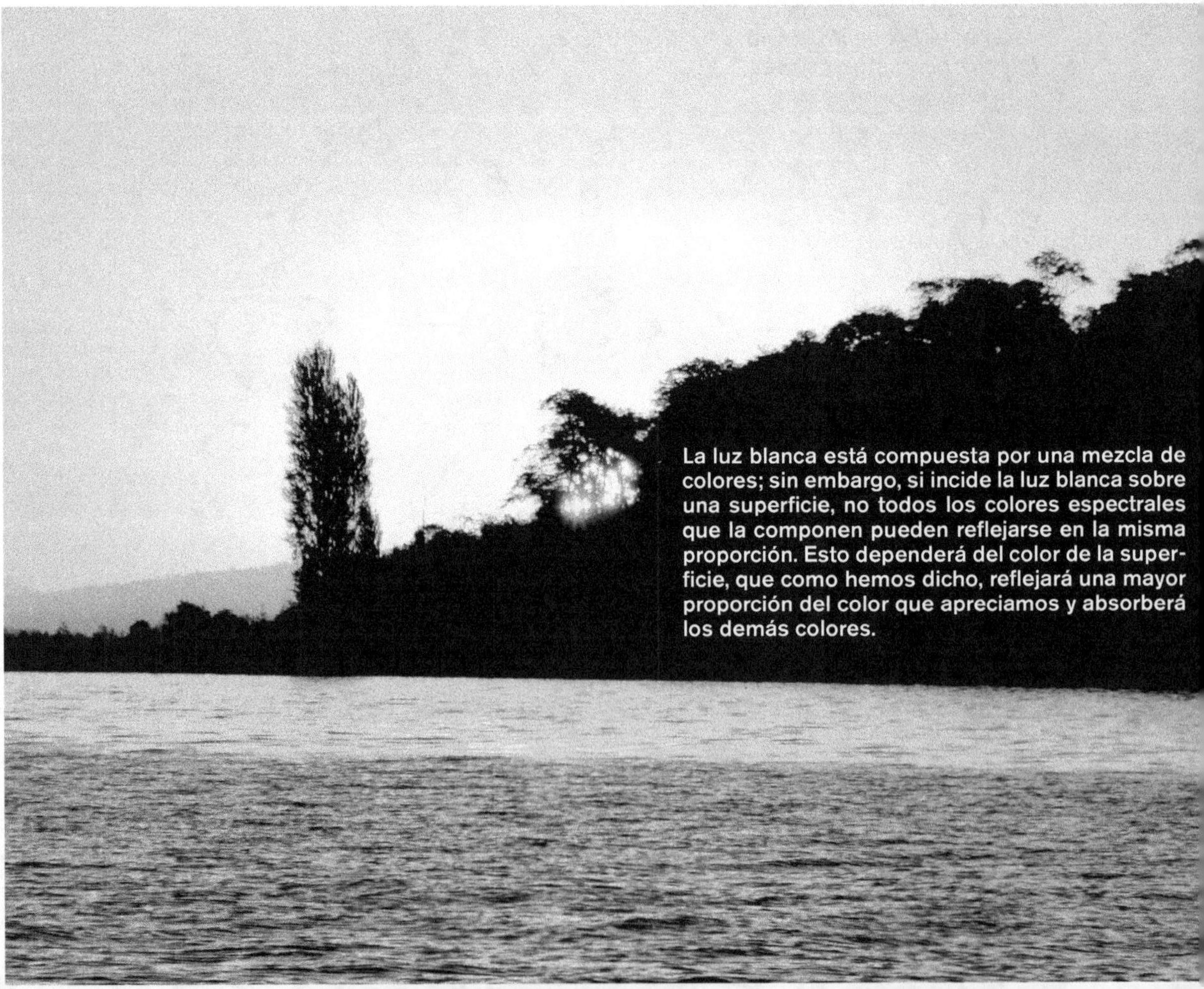

La luz blanca está compuesta por una mezcla de colores; sin embargo, si incide la luz blanca sobre una superficie, no todos los colores espectrales que la componen pueden reflejarse en la misma proporción. Esto dependerá del color de la superficie, que como hemos dicho, reflejará una mayor proporción del color que apreciamos y absorberá los demás colores.

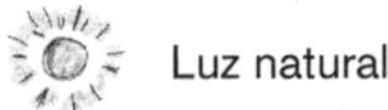

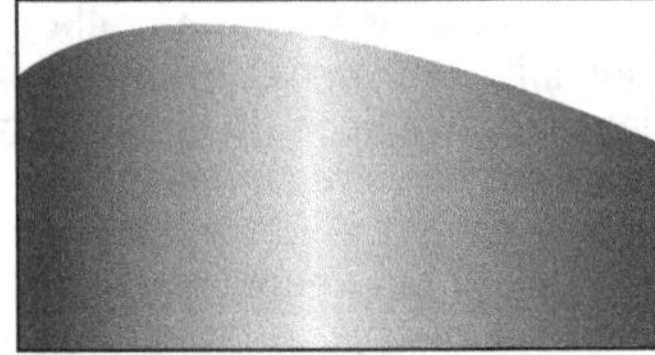

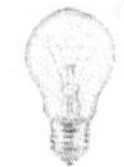

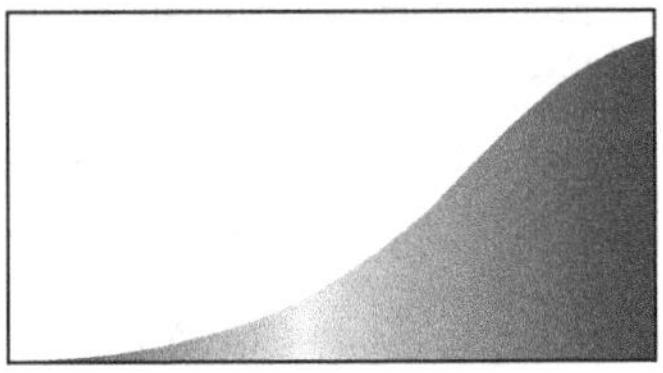

4.3 Mezcla aditiva y sustractiva

Pueden distinguirse dos formas fundamentales de mezclar colores. Si se mezclan luces de colores diferentes. El resultado siempre será un mayor brillo, y si los colores correctos se mezclan con las intensidades adecuadas, se producirá luz blanca. Esta es la mezcla aditiva, que se suele llamar color luz. Por el contrario, si se mezclan pinturas de colores, el resultado siempre será más oscuro que los colores individuales, y si se mezclan ciertos colores el resultado será el negro. Esta forma de mezclar colores se llama mezcla sustractiva. Aquí los colores poseen el efecto de restar, convirtiendo la superficie cada vez más oscura.

Mezcla aditiva	*Mezcla sustractiva*
Fenómeno en el que al adicionar varios colores se obtiene más luz, una superficie más clara.	Poseen el efecto de restar, los colores convierten la superficie cada vez más oscura.
Se suele llamar color luz.	Pigmentos y tintes.
Los tonos primarios del color aditivo son: azul, verde, rojo.	Los tonos primarios son el cyan, magenta y amarillo
Tonos secundarios: amarillo (rojo + verde), el cyan (verde + azul), el magenta (azul + rojo).	Tonos secundarios: rojo (amarillo + cyan), verde (amarillo + magenta) y azul (cyan + magenta).
El blanco se crea con la fusión de los colores luz primarios (rojo + verde + azul).	El negro se logra a partir de la suma de los 3 colors primarios (cyan, magenta y amarillo).

Imagen y descripción: Ortiz, G. (2004, p. 49)

Sistemas cromáticos:

Colorimetría: Métodos usados para medir el color de un objeto. Las tres coordenadas de los sistemas actuales son los siguientes:

1 Tono

Percepción de un color que corresponde a la medida colorimétrica de la longitud de onda dominante.

2 Claridad

Cantidad de luz que refleja el color. El blanco refleja el 100% de la luz incidente, el negro el 0%.

3 Saturación

Cantidad de color puro que percibimos en un color. A los colores acromáticos (grises) se les atribuye saturación nula.

Colores complementarios:

Se refiere a los colores opuestos en el círculo cromático. Cuando éstos se mezclan, el resultado es un gris neutro, y estos dos matices complementarios, al juntarse, muestran propiedades extrañas. Al mezclarse dos luces de colores (como azul y amarillo), producirán luz grisácea.

Complementarios a la luz:

Rojo y verde

Naranjo y azul

Amarillo y púrpura

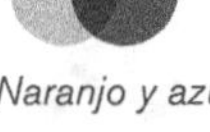

Amarillo y azul

Efectos del color de la luz:

- Luz roja destruye el color y hace que los colores oscuros luzcan negros.

- Luz rosa: Es halagadora y da la sensación de calentar los demás colores.

- Luz amarilla: Se ven más anaranjados, favorecedora para tonos de color piel.

- Luz naranja: intensifican los rojos, hace que los verdes, azules y violetas luzcan café- gris.

- Luz verde: Vuelve grisáceo todos los colores, menos el verde, que lo intensifica.

- Luz azul: Luce frío y da un tono fantasmal a los tonos de piel.

Izquierda: (Tornquist, 2008. p.27
Derecha abajo: (Fehrman y Fehrman, 2001. p. 31)

Percepciones frío- cálido

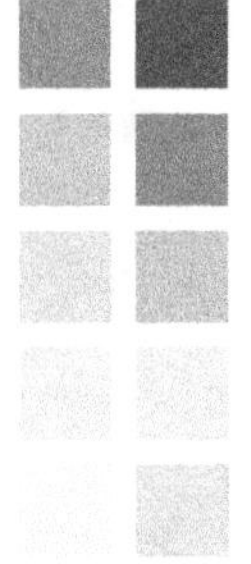

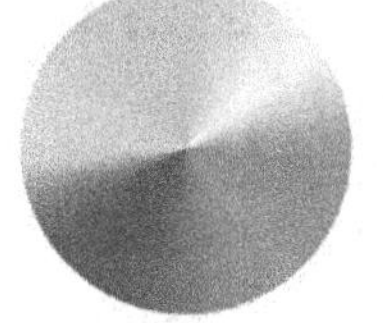

Círculo cromático

Los colores cálidos (aquellos que poseen componentes rojo y amarillo) se oponen a los tonos cromáticos azules fríos. Cada tonalidad de color desencadena una percepción distinta de un espacio, y esto se puede dar tanto por el material y color de la superficie como por la temperatura de color de la luz. Por otro lado, los colores de luz blanco cálido, blanco neutro o blanco luz diurna pueden utilizarse para el contraste frío-cálido y el ambiente de un espacio.

Luz diurna en el transcurso del día

Como se ha mencionado anteriormente, la temperatura de color de la luz diurna va cambiando desde el alba al mediodía, y se van dando situaciones atmosféricas como neblina, lluvia, etc; que modifican sus cualidades, otorgando una apreciación del color más fría. La percepción de los objetos y materiales se ven completamente distintos cuando se enfrentan a tonalidades de luz diferentes. Debido a esto, el diseñador de iluminación se ve obligado a considerar estas variaciones para su diseño. Si bien él no puede influir en los colores de la luz diurna, y debe adecuarse a ésta cuando el espacio tiene presencia de luz natural, sí puede jugar con la iluminación artificial, que le permite influir activamente en el ambiente y la apariencia del material o producto que se exhibe en el mercado.

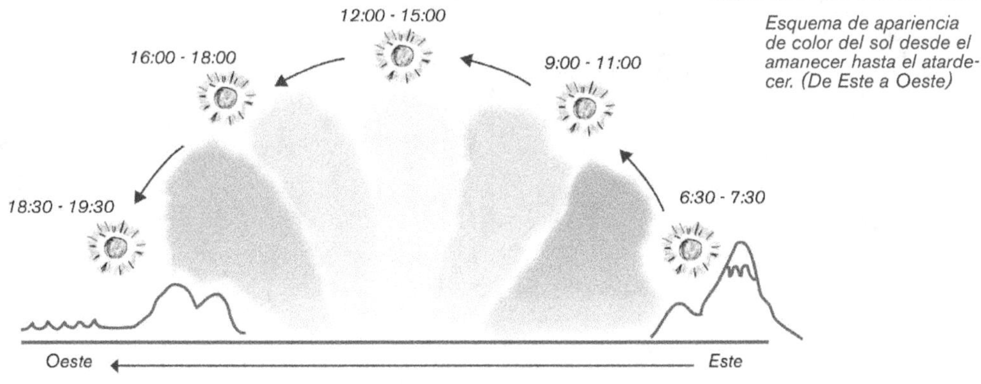

Esquema de apariencia de color del sol desde el amanecer hasta el atardecer. (De Este a Oeste)

ERCO, 2009.

4.4. Apariencia de color/ Temperatura de color

Temperatura de color correlacionada (CCT) es una medida de la apariencia cálida o fría de una fuente se mide en grados kelvin y es lo más cercano a la tempreratura de color.

Se refiere a la temperatura a la cual un cuerpo negro emite energía luminosa del mismo color que la luz considerada. Un cuerpo es capaz de absorber las mismas radiaciones que puede emitir. Se llama "cuerpo negro" al cuerpo que absorbe todas las radiaciones que caen sobre él, sin transmitir o reflejar ninguna de ellas. Cuando este cuerpo se calienta, empieza a emitir en el infrarrojo, luego en el rojo, y se va poniendo blanco, hasta aumentar la temperatura llegando al azul. Como consecuencia, se habla de apariencia de color, no de análisis espectral, entendiéndose que no es un indicador preciso del espectro de emisión de la fuente luminosa.

La temperatura de color se define en grados Kelvin, cuya relación con los grados Celsius es la siguiente:

$$0°K = -273°C$$

A una temperatura de color baja, corresponde una sensación de luz "cálida", mientras que una luz con temperatura de color alta será percibida como "fría".

Influye también el color de la superficie en la cual se refleja la luz. (Tornquist, 2008) Aunque las fuentes de luz con igual temperatura de color deben tener la misma apariencia de color, eso no significa que las superficies coloradas que se iluminan tengan que tener el mismo aspecto, ya que, como se explicó anteriormente, la impresión de color de una superficie se debe a la reflexión selectiva.

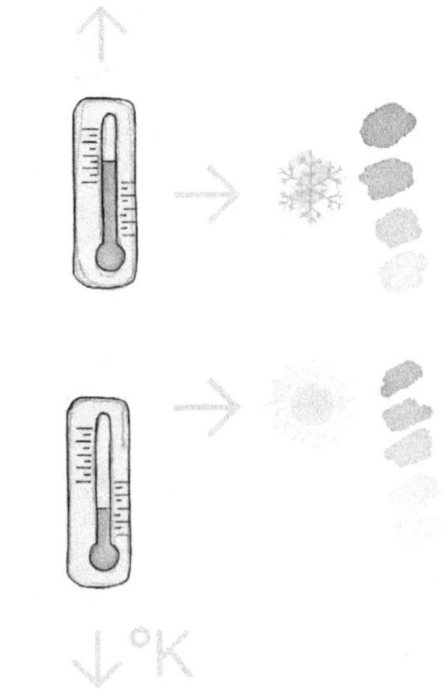

Tornquist, 2008. p. 121.
Fehrman y Fehrman 2001, p. 2

"Cuando en el atardecer declina el sol, declina también la luminosidad. El color de la luz pasa del blanco al amarillo-naranja, hasta que el sol desaparece detrás de un horizonte rojo sangre".

Tornquist, 2008. p. 121

Imágenes tomadas cada una hora, desde las 7:30 a 20:30 hrs.

49

4.5. Reproducción Cromática

Color Rendering Index (CRI), o índice de reproducción cromática, es una unidad de medida de convención, que indica cuan fiel es la reproducción de colores con una determinada fuente de luz en relación a un standard.

Se refiere al grado de exactitud con que se reproducen los colores de los objetos bajo una fuente de luz en particular, en relación a un patrón como el sol, que es la fuente ideal, cuyo índice CRI es de 100 (máximo según la escala actual). Es crucial comprender la relación del CRI con el espectro electromagnético de las fuentes: dos colores iguales pueden ser percibidos de forma distinta debido a la variada composición espectral, lo que se debe principalmente a la reproducción cromática. Otro factor decisivo para la correcta apreciación cromática es la elección del color de luz, pues si observamos un objeto de color azul o verde, aparecerán comparativamente grises y apagados bajo la luz de las lámparas incandescentes, a pesar de considerarse con un CRI de 100. Mientras que si se ilumina con una determinada lámpara fluorescente, dichos colores parecerán más claros y luminosos.

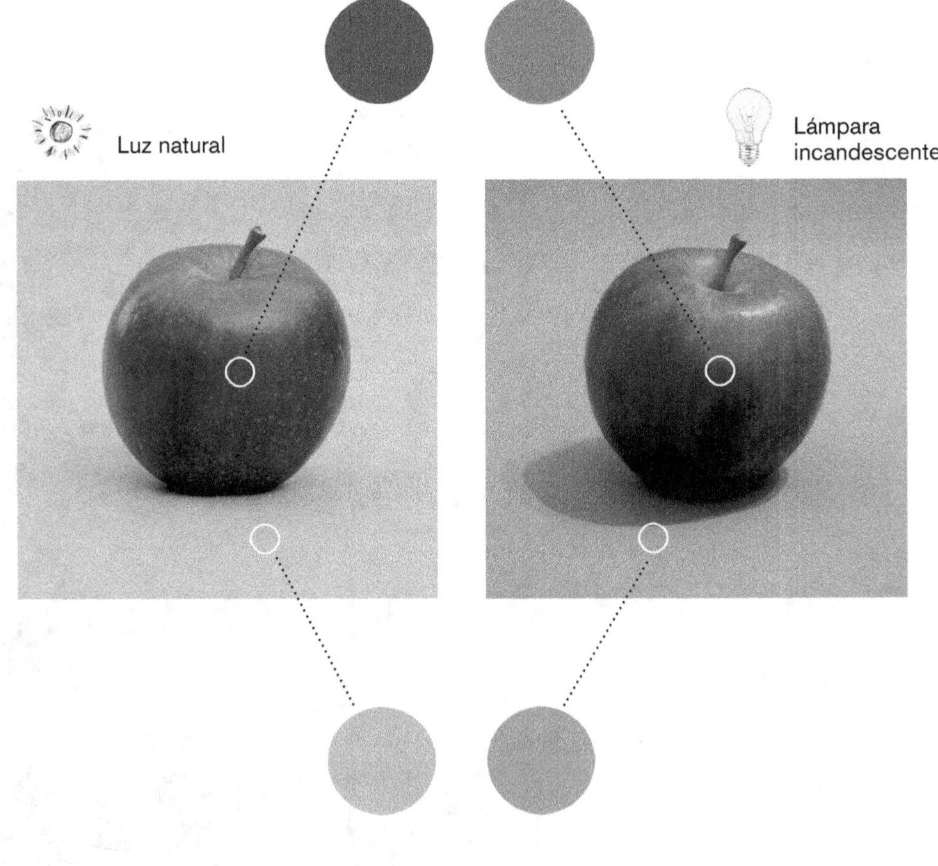

Imagen y descripción: Ortiz, G. (2004, p. 49)

Para la descripción objetiva de colores existen diferentes sistemas. Uno es el reconocido sistema Munsell, donde se disponen los colores según los criterios de luminosidad, tono de color y saturación, obteniendo de esta manera un atlas de color completo en forma de una matriz tridimensional, como se muestra en la figura. El tono de color indica las tonalidades cromáticas, mientras que la saturación va desde el color puro hasta la acromática escala de grises.

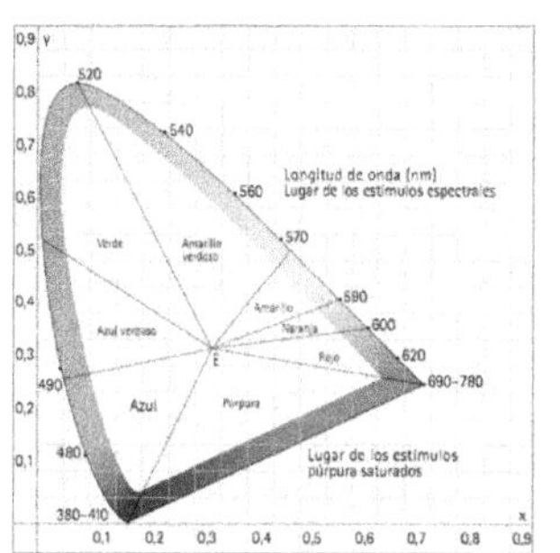

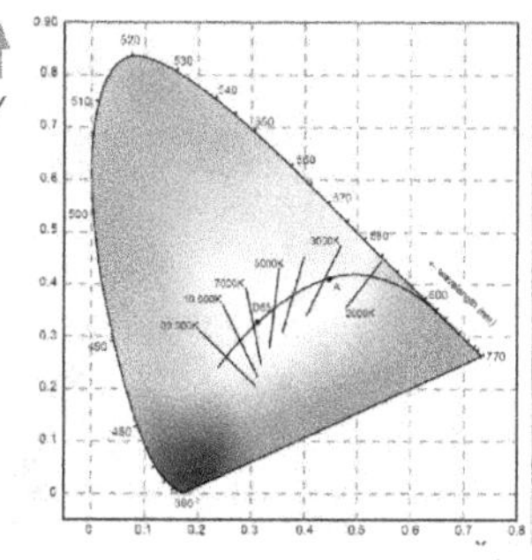

A =lámpara de filamento de tungsteno

Imagen recogida de Gans-
landt y Hofmann. (1992).

Imagen recogida de
Leonard 2015, p. 226

El segundo sistema es el patrón de CIE, en el cual se miden los colores por la composición espectral del tipo de luz, reflectancia o transmitancia espectral, respectivamente, representándolos en un diagrama continuado, bidimensional. A lo que no se presta atención en este caso es a la dimensión de la luminosidad, de modo que en el diagrama sólo se pueden determinar el tono de color y saturación de todos los colores. Para determinar la reproducción cromática de una fuente de luz, se calculan y relacionan entre sí los efectos cromáticos de una escala de ocho colores de un cuerpo (Ra 8) o 14 (Ra 14). Para ello se ponen en relación entre sí la fuente de luz y una iluminación de referencia. La calidad de la reproducción cromática conseguida se expresa en un índice que puede referirse a la reproducción cromática general (Ra) o a la reproducción de colores individuales.

NOTA:
Hoy se está llevando a cabo una investigación para determinar con exactitud el rendimiento de color de las lámparas, midiendo el color de los objetos que iluminan, por medio de softwares especiales y un connotado equipo de trabajo.

(New Color Quality Design for Lighting – How lighting can be made more attractive?- Yoshi Ohno. National Institute of Standards and Technology Gaithersburg, Maryland USA). IES TM-30-15

5

FUENTES DE LUZ ARTIFICIAL

5.1. Definición

Fuentes de luz

Es todo aquel objeto capaz de emitir luz. Estas pueden ser primarias y secundarias. Dentro de las fuentes primarias se encuentran las fuentes naturales, como el sol, el fuego, los rayos, etc; y las artificiales, que corresponden a todas aquellas fuentes que ha creado el ser humano para satisfacer las necesidades de visión en las distintas tareas de iluminación a las que se enfrentan.

Lámpara

Es un emisor de radiación electromagnética en la parte visible del espectro de energía.
Características importantes:
-Flujo luminosos (lm)
-Eficacia luminosa (lm/W)
-Color de la luz (K, Ra)
-Vida útil y depreciación de flujo luminoso.
-Dimensiones y área emisora
-Necesidad de equipo eléctrico auxiliar.
-Tiempo de encendido y reencendido.

Vida útil de una lámpara:

Tiempo después del cual el 50% de las lámparas de un grupo representativo fallan, o cuando una lámpara pierde más del 20% de su flujo luminoso, depreciándose.

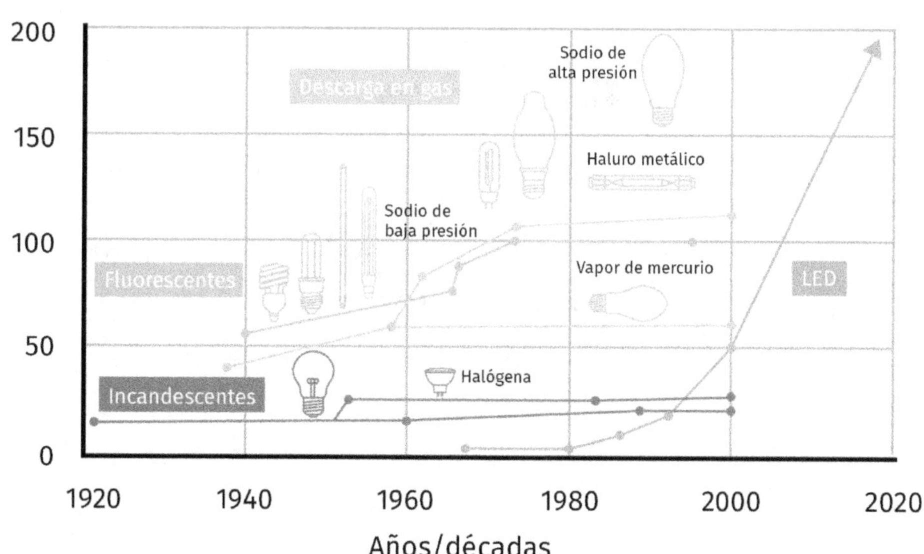

Fuente Línea de tiempo: Douglas Leonard Lighting Design / www.dlld.cl

5.2. Clasificación de las fuentes

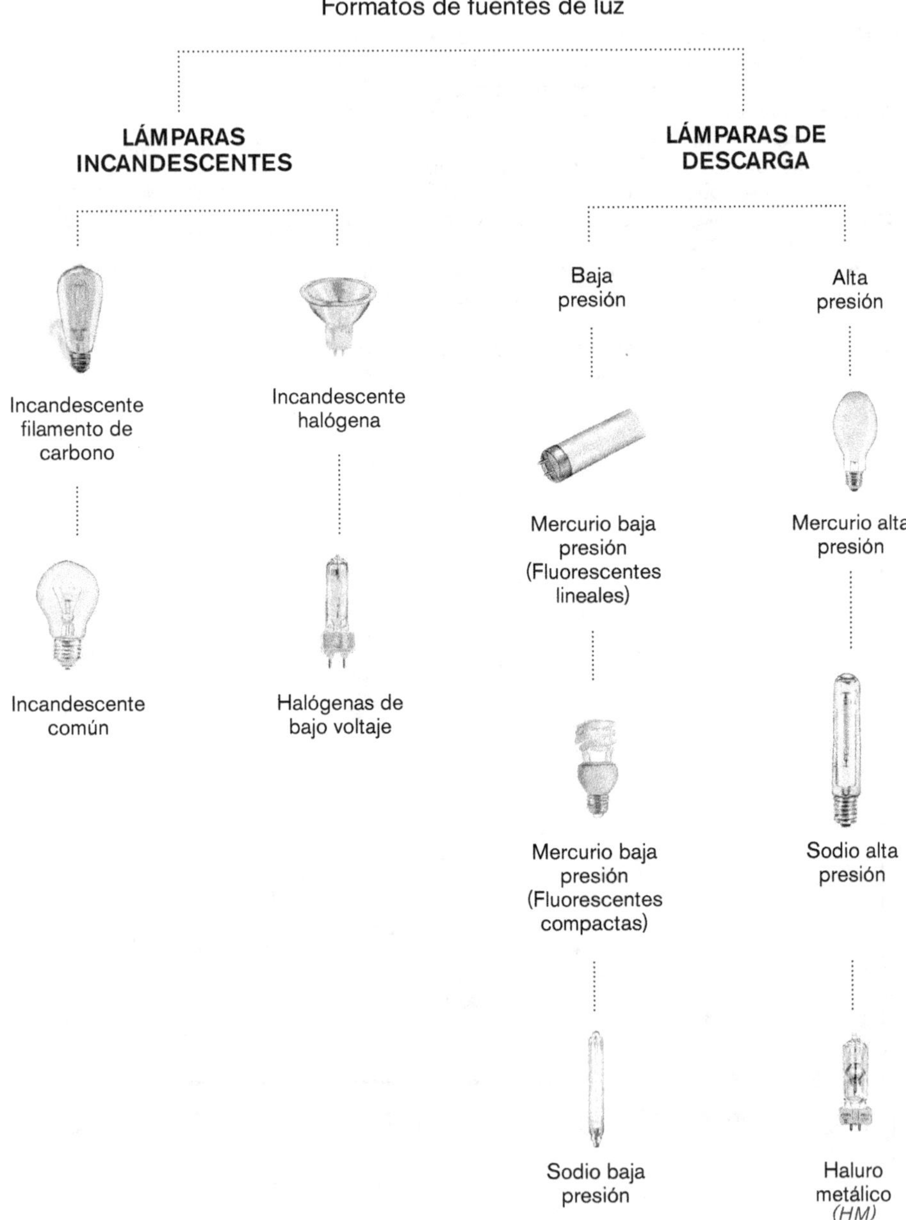

5.3. Características de las fuentes de luz

5.3.1. INCANDESCENTES

a) Incandescente común:

La lámpara incandescente es la fuente de luz eléctrica más antigua. Produce luz por medio del calentamiento eléctrico de un filamento a una alta temperatura, permitiendo que la radiación se emita en el campo visible del espectro. Se logró mayor eficiencia enrollando el filamento en forma de espiral, lo que permite también una determinada longitud para adecuarse a los formatos requeridos.

Se compone principalmente del filamento, los soportes del filamento, la ampolla, el gas relleno y el casquillo.

• Dimming es posible
• Fluctuaciones de voltaje influyen en: flujo luminoso, consumo de energía y promedio de vida
• Depreciación de flujo durante la vida por evaporación del tungsteno (ennegrecimiento de la lámpara).

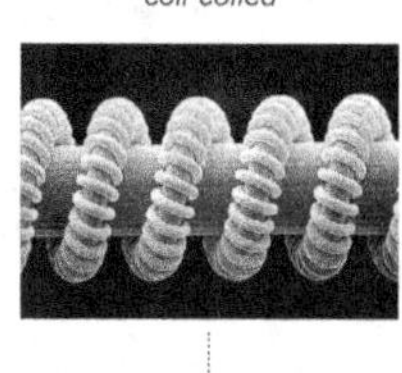

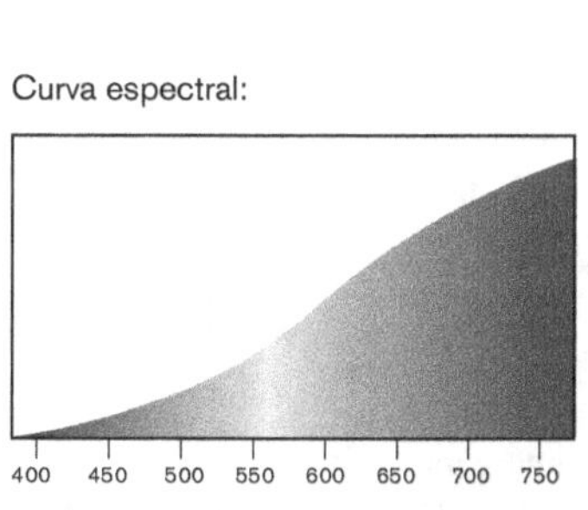

Flujo luminoso	120 - 18 800 lm
Eficacia luminosa	< 19 lm/W
Temperatura de color	2800 K
Rendimiento de color	100
Potencia	15- 1000 W
Vida útil	1000 hrs.

Curva espectral:

400   450   500   550   600   650   700   750

ALGUNAS APLICACIONES

1. Incandescentes. Tocador maquillaje

2. Incandescente/ Fidelidad del color, imprentas

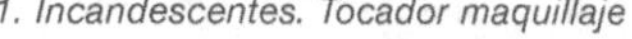

1. https://www.google.cl/search?q=aplicaciones+incandescentes+halogenas&safe. 2. http://www.alborum.com/onlineprinters-renueva-su-certificado-pso/.
Filamento espiral: Leonard 2015, pag. 274.

b) Incandescentes Halógenas:

La lámpara halógena es una variante de la lámpara incandescente con un filamento de tungsteno dentro de un gas inerte y una pequeña cantidad de halógeno (como yodo o bromo). El filamento y los gases se encuentran en equilibrio químico, mejorando el rendimiento del filamento y aumentando su vida útil. El vidrio se sustituye por un compuesto de cuarzo, que soporta mucho mejor el calor (lo que permite lámparas de tamaño mucho menor, para potencias altas). Algunas de estas lámparas funcionan a baja tensión (por ejemplo 12 voltios), por lo que requieren de un transformador para su funcionamiento.

*Ciclo halógeno: El tungsteno evaporado se combina con el halógeno para formar un compuesto tungsteno halógeno. A diferencia del vapor de tungsteno, se mantiene en forma de gas, siendo la temperatura de la ampolla suficientemente elevada como para prevenir la condensación. Cuando dicho gas se acerca al filamento incandescente, se descompone debido a la elevada temperatura en tungsteno, que se vuelve a depositar en el filamento, y en halógeno, que continúa con su tarea dentro del ciclo regenerativo.

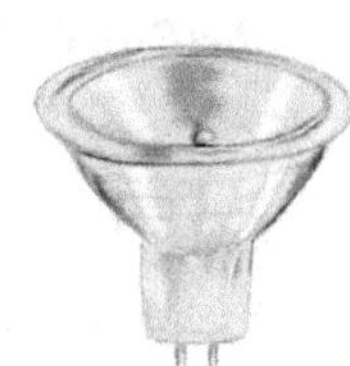
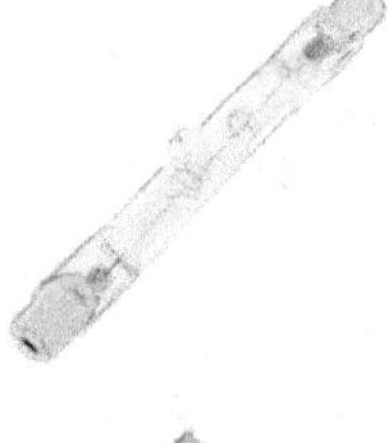

Flujo luminoso	60 - 48 - 400 lm
Eficacia luminosa	< 27 lm/W
Temperatura de color	2900 / 3200 K
Rendimiento de color	100
Potencia	5 - 2000 W
Vida útil	2000 - 5000 hrs.

Curva espectral:

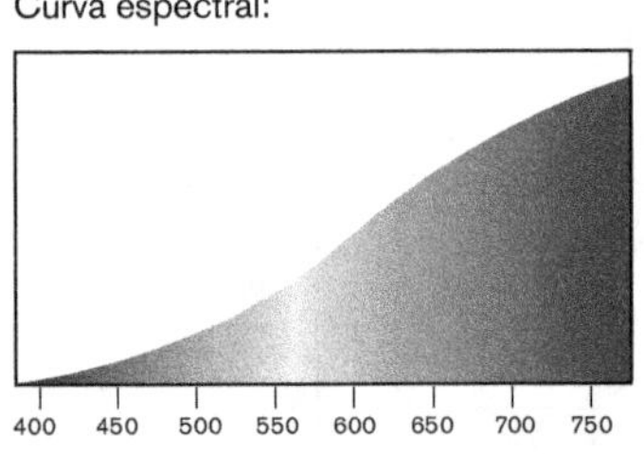

• Dimming es posible
• No hay ennegrecimiento durante la vida
• Fluctuaciones de voltaje influyen en:
flujo luminoso, consumo de energía y promedio de vida
• Lámparas halógenas de bajo voltaje requiere de un transformador.

Lámparas dicroicas y reflectoras de aluminio

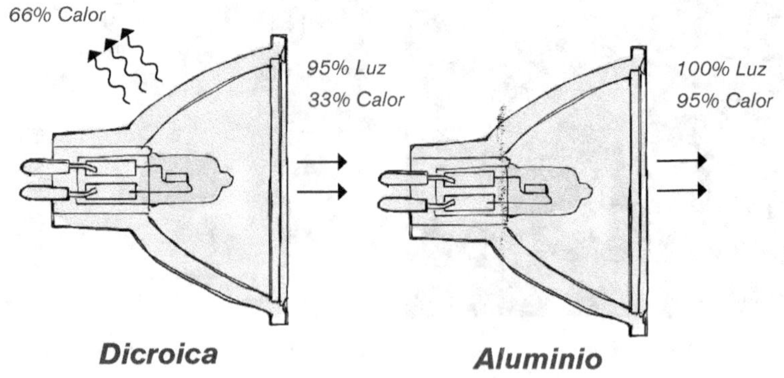

ALGUNAS APLICACIONES

1. Foco para vehículos

2. Iluminación residencial

c) Filamento de carbón:

Una corriente eléctrica pasa por un hilo de carbón, y se calienta
hasta hacerlo incandescente.

• Dimming es posible

Flujo luminoso	110 lm
Eficacia luminosa	1,8 lm/W
Temperatura de color	1900 K
Rendimiento de color	100
Potencia	60 W
Vida útil	1500 hrs.

Curva espectral:

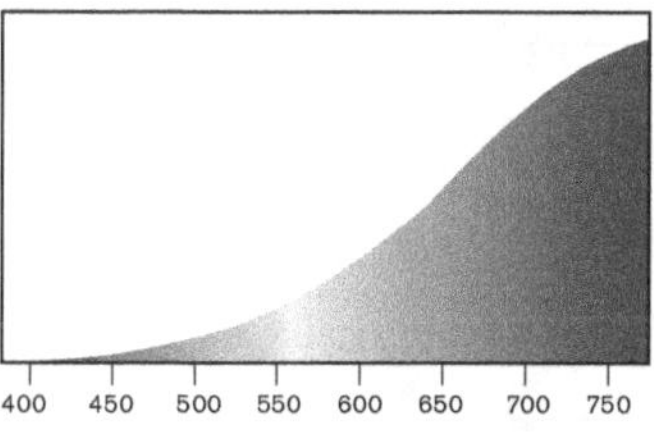

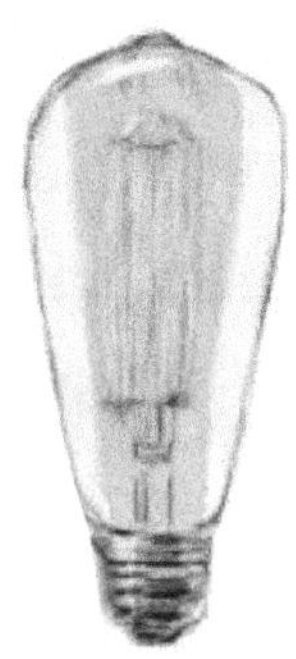

ALGUNAS APLICACIONES

1. Incandescentes.

2. Incandescentes.

1. http://www.xataka.com/automovil/sistemas-de-iluminacion-avanzados-en-coches. 2. https://ilamparas.com/blog/ focos-halogenos-en-el-techo/ 3. http://metalyluz.com/diy-fabricar-lamparas-colgantes/ 4. https://www.google.cl/ search?q=aplicaciones+incandescentes+halogenas

5.3.2. LÁMPARAS DE BAJA PRESIÓN

a) Fluorescentes lineales

La lámpara fluorescente es una lámpara de descarga en vapor de mercurio de baja presión, en la cual la luz se produce predominantemente mediante polvos fluorescentes, activados por la energía ultravioleta de la descarga. Las lineales poseen una ampolla de forma tubular larga, con un electrodo cerrado en cada terminal. Contiene vapor de mercurio a baja presión con una pequeña cantidad de gas inerte para el arranque y la regulación del arco. La superficie interna de la ampolla está cubierta por una capa de polvo fluorescente, o fósforo; composición que determina la cantidad de luz emitida, y la temperatura de color de la misma.

Sus principales componentes son la ampolla, la capa fluorescente, los electrodos, el gas de relleno y los casquillos.

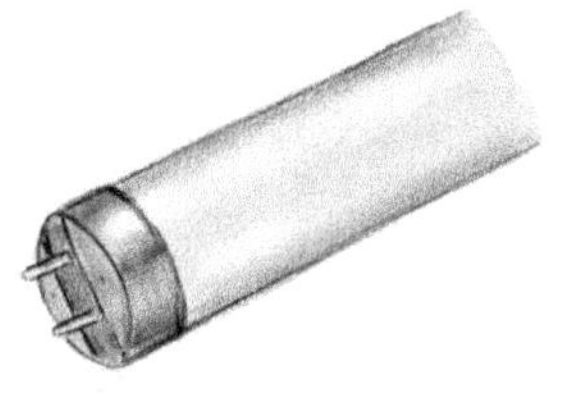

Flujo luminoso	200 - 5200 lm
Eficacia luminosa	< 104 lm/W
Temperatura de color	2700 - 6500 K
Rendimiento de color	>80, >90, 60
Potencia	4 - 58 W
Vida útil	14.000 hrs (conv.) 20.000 hrs (electr.) 15.000 hrs (PLE-T)

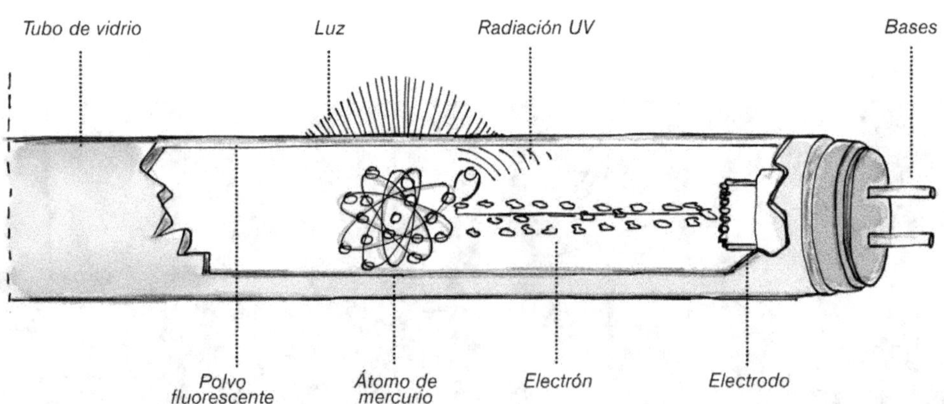

Imagen: Dibujo realizado en base a Philips 1995. Págins 15.

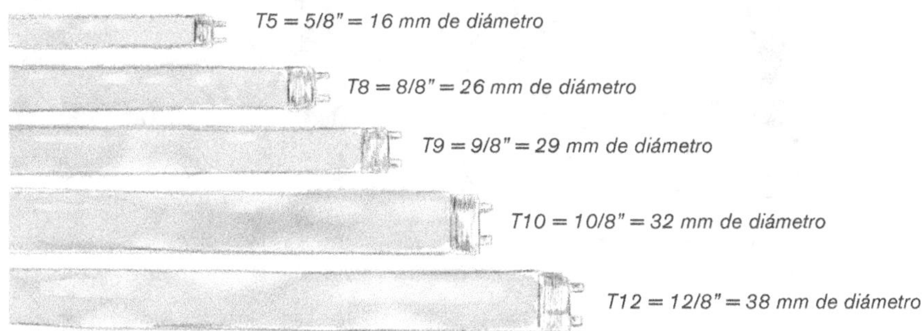

LÁMPARAS FLUORESCENTES:

• Fluorescentes necesitan balasto, partidor y condensador.
• Balasto electromagnético
• Balasto electrónico regulable o no regulable (atenuables o no atenuables).

Características de los balastos para fluorescentes:

Electromagnético:

· Simple construcción, pocos componentes.
· Altas pérdidas de voltaje.
· Solo opera para 1 o 2 lámparas.
· Parpadeo potencialmente perceptible.
· Ruido potencialmente audible
· En su mayoría se encuentran en los tamaños mayores (T8, T12).
· No se integran en sistemas de control automatizados.
· El mercado ha decrecido rápidamente.
· Operan en 50c/s (ciclos x segundo) o Hz.

Electrónico:

· Mayor número de componentes.
· Más pequeño y ligero que el magnético.
· Menos pérdida y opera más eficientemente.
· No parpadea cuando opera en frecuencias altas.
· Utilizado mayormente en nuevos tubos fluorescentes. (T8, T5 y fluorescentes compactas).
· Puede operar para hasta 4 lámparas.
· Partida instantánea, dimmeable y con balastro regulable o atenuable.
· Puede integrarse en sistemas de control.
· Operan en alta frecuencia (40K Hz.)

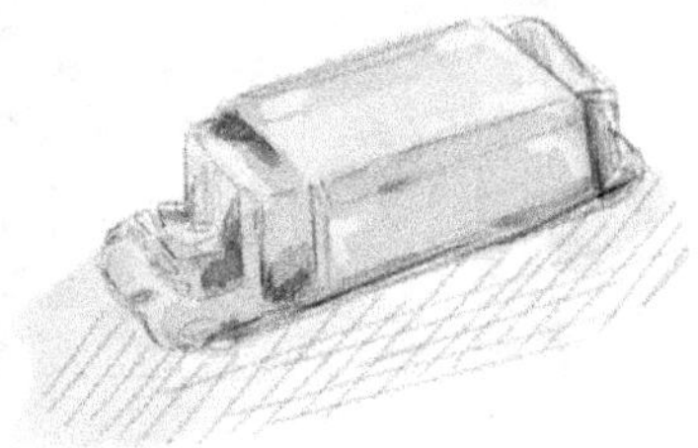

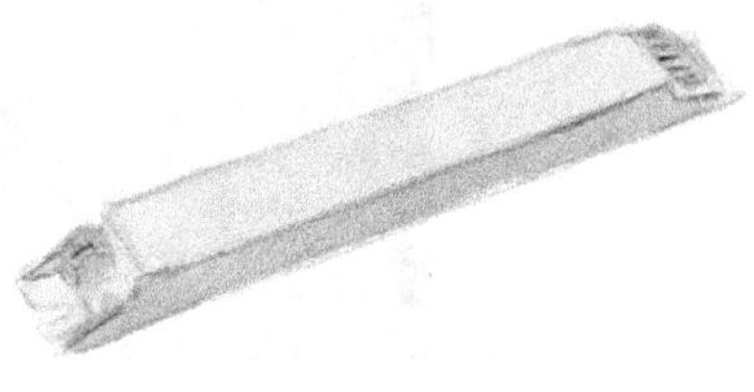

http://www.growlobby.com/balastros/5-balastro-eti-compacto-250w-hps-mh.html

Curva espectral:

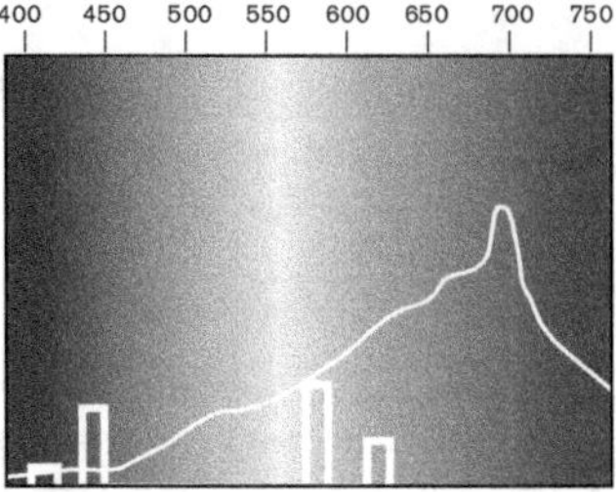

Color = 830
Temp. color = 3.000 K
IRC = 85

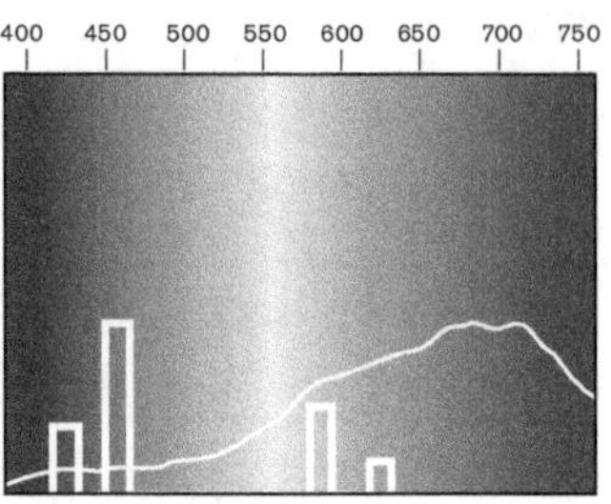

Color = 930
Temp. color = 3.000 K
IRC = 95

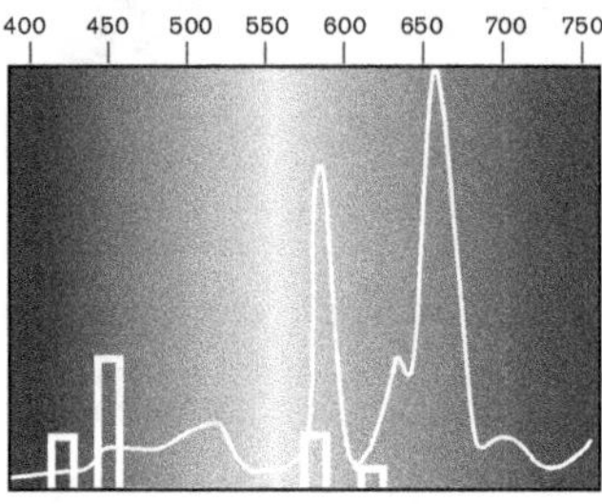

Color = 835
Temp. color = 3.500 K
IRC = 57

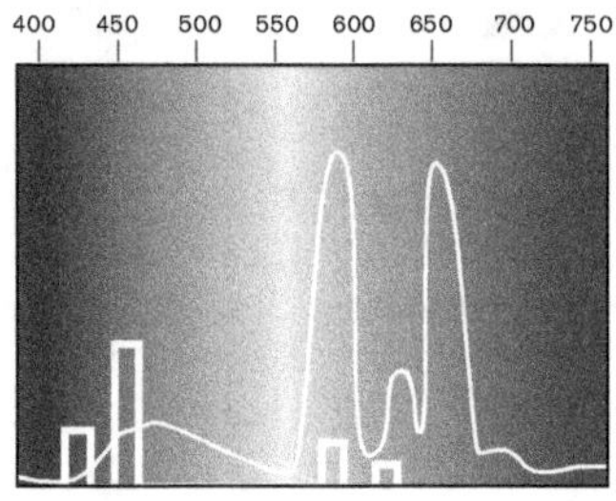

Color = 840
Temp. color = 4.000 K
IRC = 85

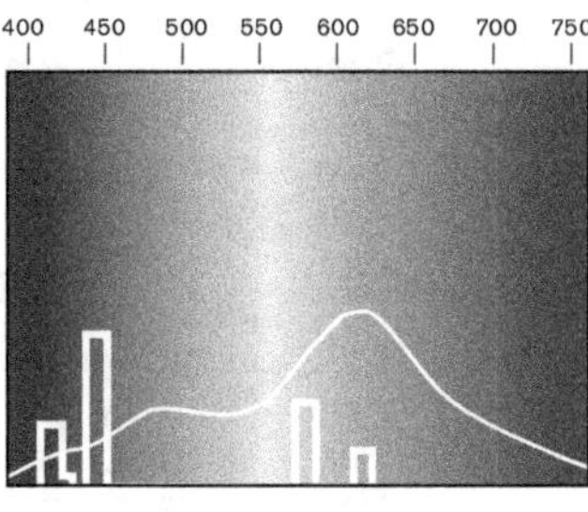

Color = 940
Temp. color = 3.800 K
IRC = 95

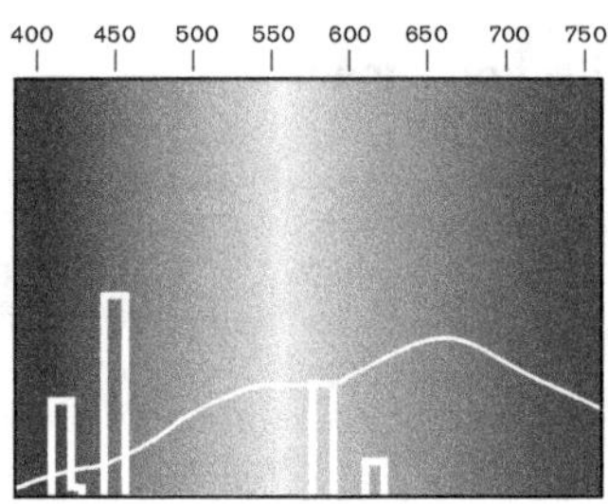

Color = 950
Temp. color = 5.300 K
IRC = 98

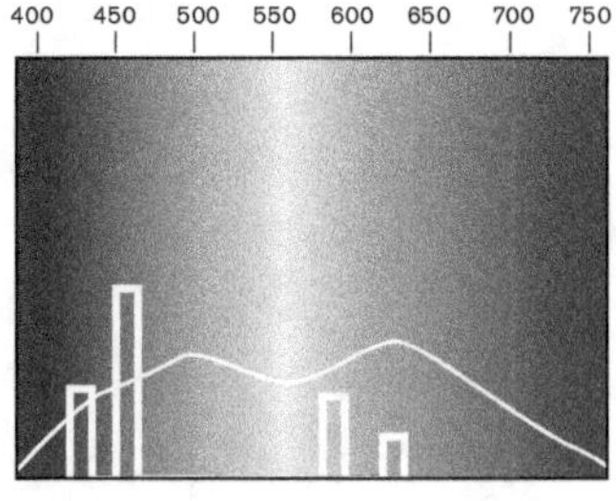

Color = 860
Temp. color = 6.500 K
IRC = 85

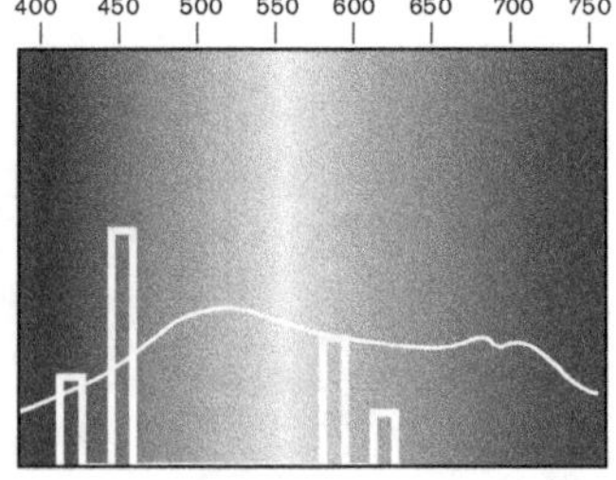

Color = 960
Temp. color = 6.500 K
IRC = 97

Recuperado de Philips. Manual de Iluminación, 1995. Págins 43.

1. Iluminación gimnasios / T° color neutro - frío

2. Bañadores de muro / T° color cálido

3. Salas de clase / T° color neutro

4. Iluminación oficinas / T° color neutro - cálido

3. Supermercado / T° color neutro

6. Iluminación general galpones / T° color neutro

*1. http://www.tecnologialed.com.mx/LumisheetS600. 2. http://lightroom.lighting/las-estrellas-a-tus-pies/
3. http://www.sma.maristas.cl/infraestructura/salas_clase. 4. http://www.boutiquedeluz.com/iluminacion/Lamparas-de-te-
cho-colgantes-para-la-iluminacion-de-una-oficina-o-escritorio/ 5. http://www.newscenter.philips.com/es_es/standard/about/
news/pressreleases/alumbrado/article-15023.wpd. 6. http://www.sportslight.com.ar/default.asp?categorias0_id=53*

b) Fluorescentes Compactas (CFL)

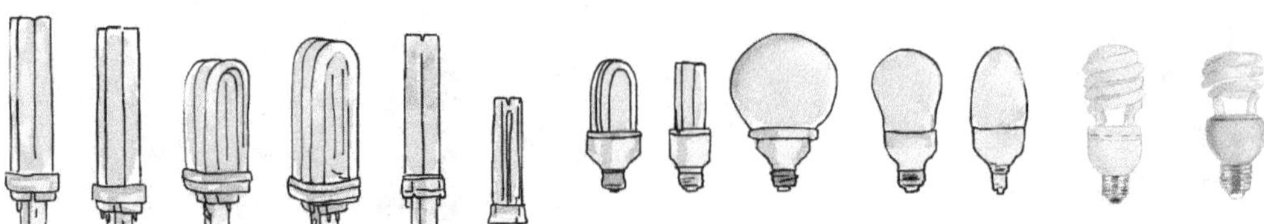

Las lámparas fluorescentes compactas han sido desarrolladas para ser utilizadas en las aplicaciones que tradicionalmente correspondían a las lámparas incandescentes. Combinan mayor eficiencia y muy buenas características de reproducción de color, con bajo consumo de energía y larga vida (generalmente 8.000 horas). Trabajan con el mismo principio descrito en las fluorescentes lineales, a diferencia de que éstas tienen integrado un arrancador o un balastro.

Clasificación según su forma

• Lámparas helicoide

• Lámparas globo

• Lámparas tubulares

ALGUNAS APLICACIONES

1. Iluminación residencial, tonalidad neutra

2. Iluminación residencial, dormitorios, tonalidad cálida

---

1. http://www.makesensestudio.com/consigue-la-mejor-iluminacion-para-tu-hogar/ 2. http://www.laescueladedecoracion.es/c/curso-iluminacion-hogar/

c) Lámparas de inducción fluorescente:

La lámpara de inducción introduce un concepto antiguo para la generación de luz, basado en el principio de descarga de gas de baja presión. La principal característica de este sistema es que prescinde de la necesidad de los electrodos de originar la ionización del gas. En cambio, utiliza una antena interna, cuya potencia proviene de un generador externo de alta frecuencia para crear un campo electromagnético dentro del recipiente de descarga, y esto es lo que induce la corriente eléctrica en el gas al originar su ionización.

•Funciona sólo con una fuente de poder (generador de alta frecuencia)
•Flujo luminoso independiente de las fluctuaciones de voltaje.
•Rápido encendido y reencendido.
•No dimmable.
•Distancia limitada entre lampara y generador HF.

Flujo luminoso	3500 - 12 000 lm
Eficacia luminosa	< 70 lm/W
Temperatura de color	2700, 3000, 4000 K
Rendimiento de color	80
Potencia	55, 85, 165 W
Vida útil	60.000 hrs.

Sistemas de inducción

Inductor interno	Inductor externo

Lámpara, Inductor y Generador de Alta Frecuencia.

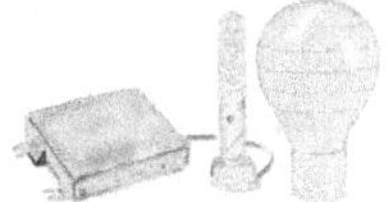

Lámpara, inductor y Generador de Alta Frecuencia.

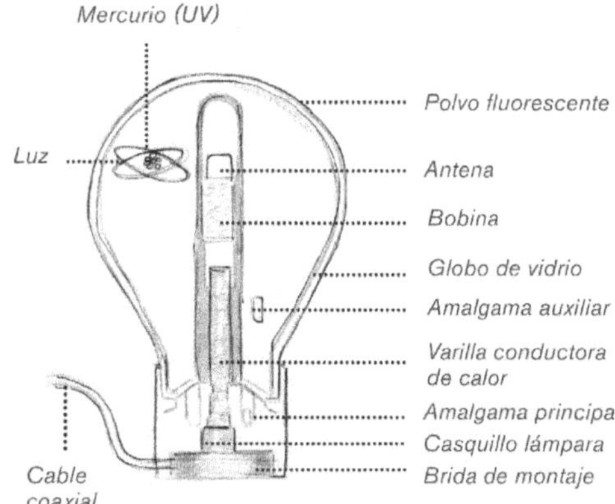

ALGUNAS APLICACIONES

1. luminación vial

2. Iluminación general, bodegas

---

1. https://teknikailuminacion.wordpress.com/category/historia-de-la-luz/
2. http://www.smartwattcr.com/

d) Sodio baja presión:

Existe una gran similitud entre el trabajo de una lámpara de sodio de baja presión y una lámpara de mercurio de baja presión. En la de mercurio la luz se produce al convertir la radiación ultravioleta de la descarga del mercurio en radiación visible, utilizando un polvo de fósforo en la superficie interna del vidrio. En el caso de la de sodio de baja presión, la radiación visible se produce por la descarga de sodio. La lámpara producirá una luz monocromática, ya que en casi la totalidad de su espectro predominan las frecuencias cerca del amarillo, pero es sin duda la lámpara de mayor eficacia luminosa.

Flujo luminoso	1800 - 32 500 lm
Eficacia luminosa	< 203 lm/W
Temperatura de color	1700 K
Rendimiento de color	No aplica
Potencia	18 - 180 W
Vida útil	18.000 hrs.

Curva espectral:

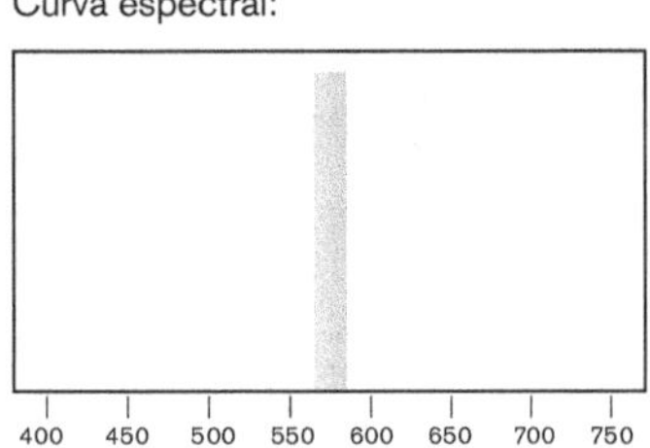

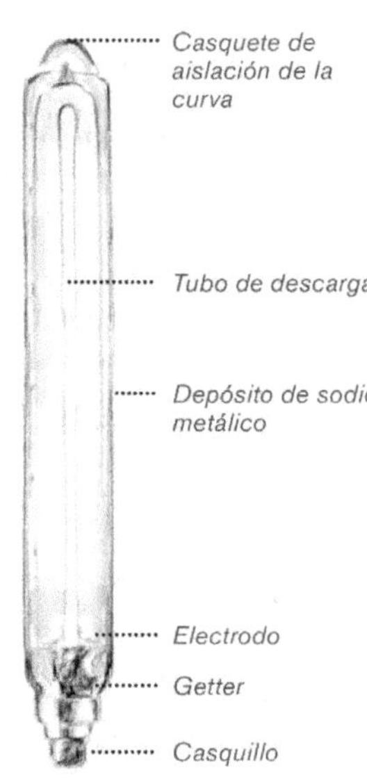

ALGUNAS APLICACIONES

1. Iluminación vial, aplicación en puente.

2. Iluminación vial, aplicación en túnel.

---

1. https://www.svetila.com/es/109-lamparas-de-sodio
2. http://www.iluminet.com/iluminacion-de-tuneles-vehiculares/

5.3.3. LÁMPARAS DE ALTA PRESIÓN

a) Sodio alta presión:

Las lámparas de sodio de alta presión, como dice su nombre, posee una presión de vapor mucho más alta que las de baja presión. El tubo de descarga en una de estas lámparas contiene un exceso de sodio para dar condiciones de vapor saturado cuando la lámpara está en funcionamiento. Además posee un exceso de mercurio para proporcionar un gas amortiguador, y se incluye xenón, para facilitar el encendido y limitar la conducción de calor del arco de descarga a la pared del tubo. El tubo de descarga se aloja en una envoltura de vidrio protector vacía. Irradian energía a través de una parte acotada del espectro visible, por lo que ofrecen una reproducción de color limitada.

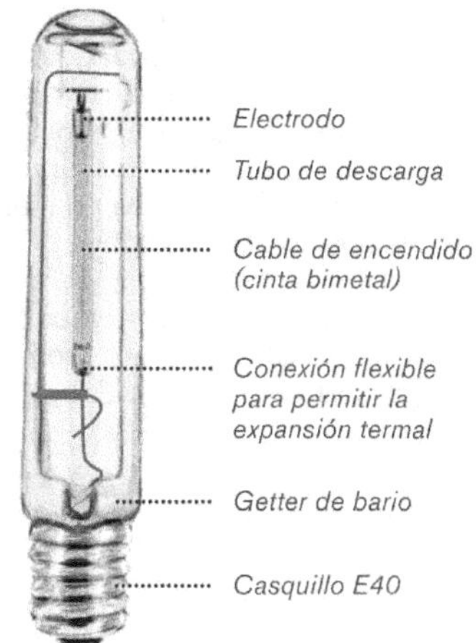

Flujo luminoso	1300 - 90 000 lm
Eficacia luminosa	< 150 lm/W
Temperatura de color	2000 - 2500 K°
Rendimiento de color	25
Potencia	35 - 1000 W
Vida útil	10.000 - 24.000 hrs.

Curva espectral:

ALGUNAS APLICACIONES

1. luminación vial

2. Túneles. Iluminación vial

1 y 2. http://www.solmad.com/?page_id=866

b) Mercurio de alta presión:

En estas lámparas la descarga se produce en un tubo de descarga de cuarzo que contiene una pequeña cantidad de mercurio y un relleno de gas inerte, generalmente argón, para asistir al encendido. Una parte de la radiación de la descarga ocurre en la región visible del espectro como luz, pero una parte también se emite en la región ultravioleta. Cubriendo la superficie interior de la ampolla exterior, en la que se encuentra el tubo de descarga, con un polvo fluorescente que convierte esta radiación ultravioleta en radiación visible, la lámpara ofrecerá mayor iluminación que una versión similar sin dicha capa. Aumentará así la eficacia lumínica y mejorará la calidad de color de la fuente, en algunas gamas limitadas de color. En general, su reproducción de color es deficiente.

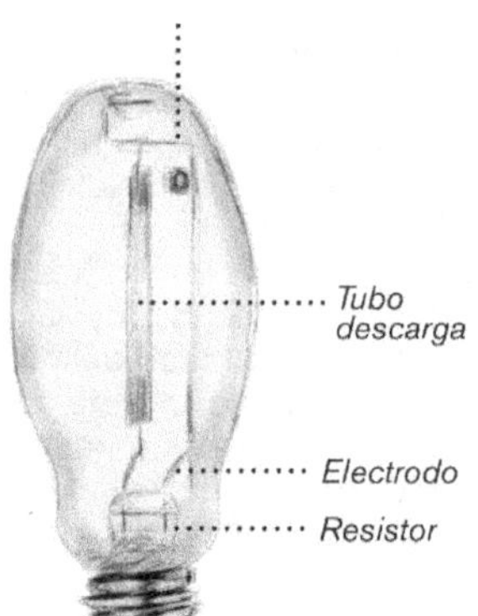

Flujo luminoso	1770 - 58 500 lm
Eficacia luminosa	< 61 lm/W
Temperatura de color	3400, 4000 K°
Rendimiento de color	40, 55
Potencia	50 - 1000 W
Vida útil	16 000 hrs

Curva espectral:

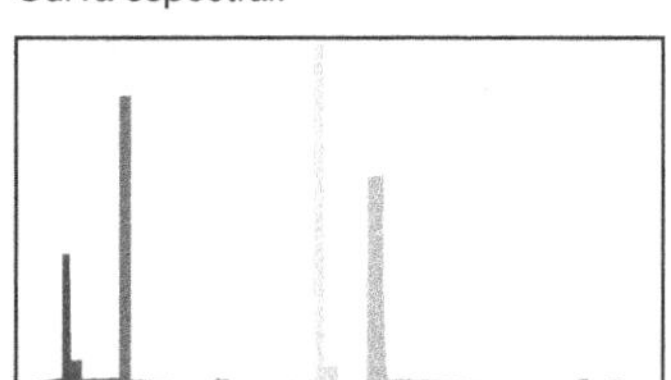

ALGUNAS APLICACIONES

1. Iluminación vial

2. Iluminación general

---

1. http://www.arqhys.com/contenidos/lamparas-uso.html
2. http://www.lamps-supplier.cl/3-mercury-vapor-lamp.html

c) Halogenuros metálicos (HM):

Las lámparas de mercurio halogenado son de construcción similar a las de mercurio de alta presión. La diferencia principal entre estos dos tipos, es que el tubo de descarga de la primera, contiene una cantidad de haluros metálicos además del mercurio. Estos haluros son en parte vaporizados cuando la lámpara alcanza su temperatura normal operativa, El vapor de haluros se disocia luego dentro de la zona central caliente del arco en halógeno y en metal, con el metal vaporizado irradia su espectro apropiado. Hasta hace poco estas lámparas han tenido una mala reputación, al tener un color inestable, precios elevados y poca vida. Hoy han mejorado aumentando su eficacia lumínica y mejorando el índice de reproducción del color, punto débil en el resto de lámparas de descarga.

Curva espectral:

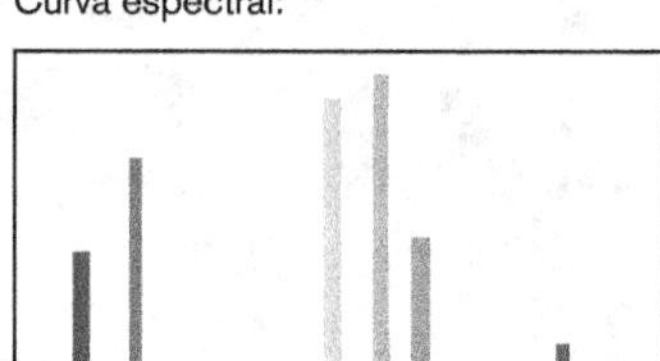

HM Tubo de descarga cerámico

Flujo luminoso	3300 - 14 000 lm
Eficacia luminosa	< 95 lm/W
Temperatura de color	3000, 4200 K
Rendimiento de color	> 80, 90
Potencia	35, 70, 150 W
Vida útil	6000 - 12 000 hrs

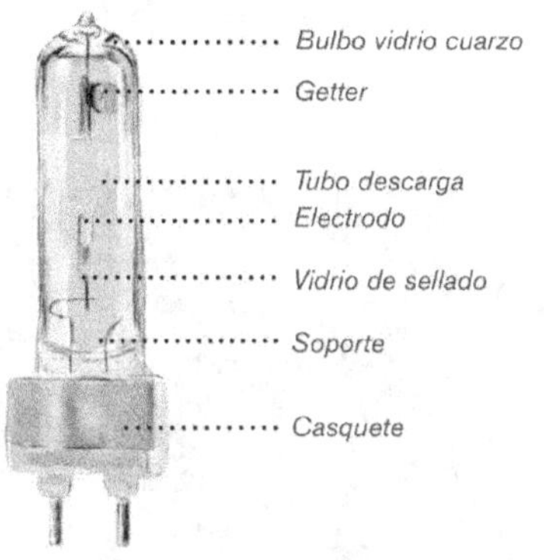

Haluros metálicos

Flujo luminoso	5300 - 220 000 lm
Eficacia luminosa	< 108 lm/W
Temperatura de color	3000, 4000, 5600 K
Rendimiento de color	65 - 92
Potencia	35 - 2000 W
Vida útil	4.000 - 20.000 hrs.

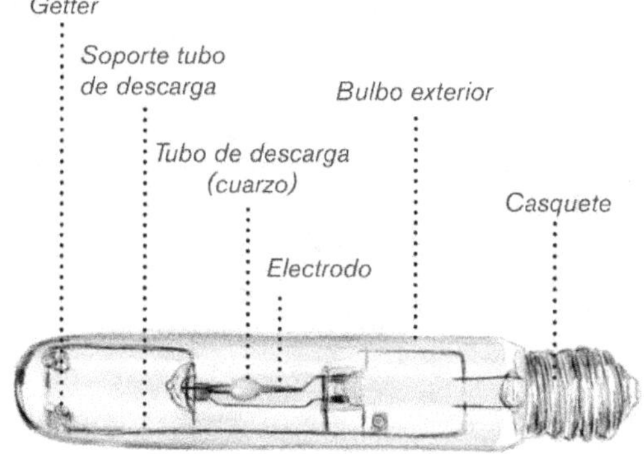

ALGUNAS APLICACIONES

1. Focos HM en estadios

2. Iluminación fachadas edificios antiguos

3. Iluminación vial

4. Bodegas, espacios amplios, luz aseo

1. http://www.roigroup.la/ 2. http://iluminet.com/zacatacas-plan-iluminacion-destacada/. 3. http://www.iluminet.com/luminarios-para-alumbrado-publico-de-vialidades-con-lamparas-de-induccion-electromagnetica/. 4. http://www.iluminet.com/iluminacion-de-estado-solido-para-aplicaciones-industriales/

5.3.4. LED

¿Qué son los LEDs?

LED, siglas de las palabras "Light Emitting Diode" (Diodos Emisores de Luz). Es un semicontuctor (una substancia cristalina que tiene una conductividad eléctrica mayor que los aislantes, como la madera, pero menor que los conductores, como el metal) y que convierte la energía eléctrica directamente en un discreto color de luz.

Esta sustancia está formada por una delgada capa con la mezcla de diferentes materiales. Cuando sus átomos son excitados por un arco de corriente, intercambian electrones produciendo luz.

Los diodos están hechos de diferentes materiales y substratos, los cuales producen diferentes colores.

Historia de los LEDs

Se utilizan en la industria desde los años 60', sin embargo, en sus inicios sólo emitían una débil luz roja, amarilla o verde, lo que limitaba su utilización. No obstante, el desarrollo del LED blanco, en la década de los noventa, dio lugar al boom de esta tecnología, lo que los ha llevado a competir con las lámparas que se han utilizado desde hace décadas para todo tipo de funciones, incluso en alumbrado púbico, iluminación arquitectónica, escuelas, entre otros.

Componentes del LED

• El chip es el material semiconductor emisor de luz, el cual está montado en una copa reflectora, que es la superficie que determina el color de la luz.

• Borne ánodo y borne cátodo (polaridad).

• Hilo conductor que une los postes del ánodo y del cátodo, y crea el arco.

• Un lente tipo domo epóxico, que además de proteger al dado, determina la forma del haz.

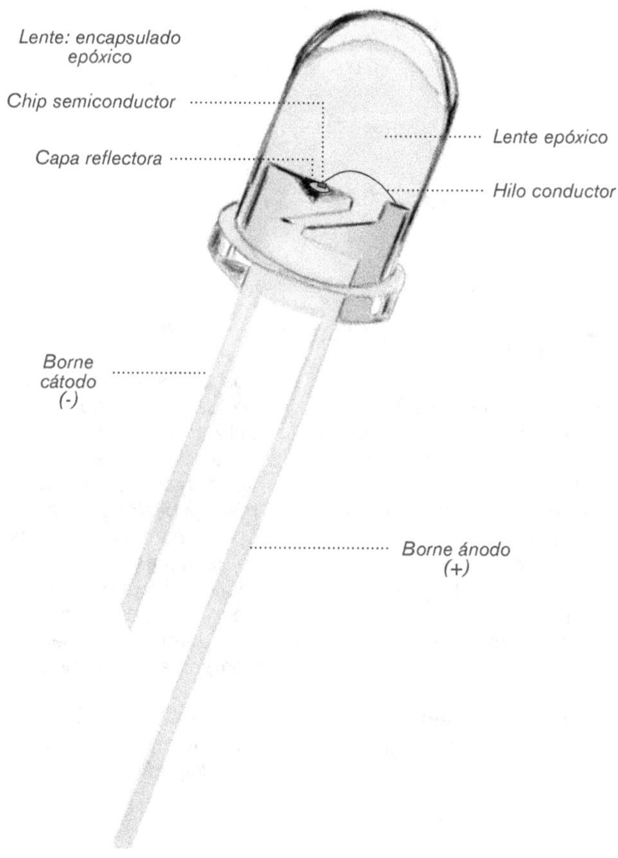

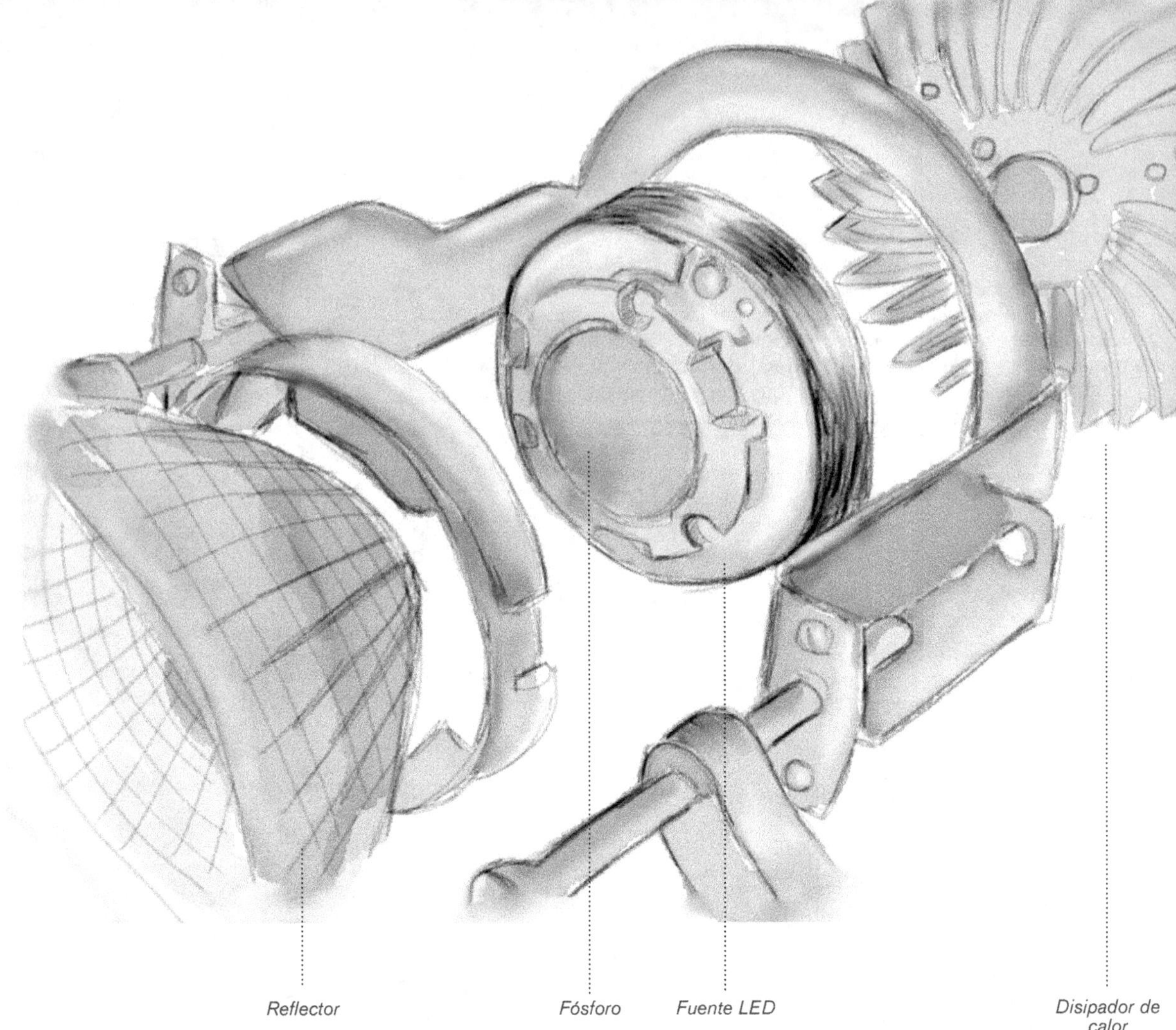

Características de los LEDs

- Larga Vida (> 70.000 hrs.)
- Fuente de luz semiconductora
- Resistente al choque (estado sólido)
- Amplia gama de colores
- Bajo volumen y peso
- Encendido instantáneo
- Variaciones dinámicas (dimmer)
- Operación a bajas temperaturas
- Bajo voltaje.
- Eficiencia / ahorro de energía
- Libre de mercurio

Dibujo realizado a partir de Xicato.

Luminarias LEDs

Los LEDs son sólo una fuente de luz, y para que puedan ser utilizados en proyectos de iluminación, es necesario fabricar luminarias a partir de estos elementos básicos. En consecuencia, se han creado un sinnúmero de luminarias a partir de esta tecnología, que varían en su diseño. En el dibujo se encuentra una luminaria creada por la compañía *Xicato*. Aquí se refleja el modo en que se ubican y ensamblan los distintos componentes. Se requiere el uso de disipadores térmicos, pues aunque los LEDs no poseen temperatura, sí lo hacen las luminarias.

La fuente LED consta de un aparato que posee en su interior varios LEDs que irradian luz de color azul. Para impedir el deslumbramiento y al mismo tiempo generar una tonalidad de color blanca, se utiliza una placa fabricada en material polímero, donde se encuentra el elemento "fósforo", que es el encargado de producir las distintas tonalidades de luz.

Componentes de un LED

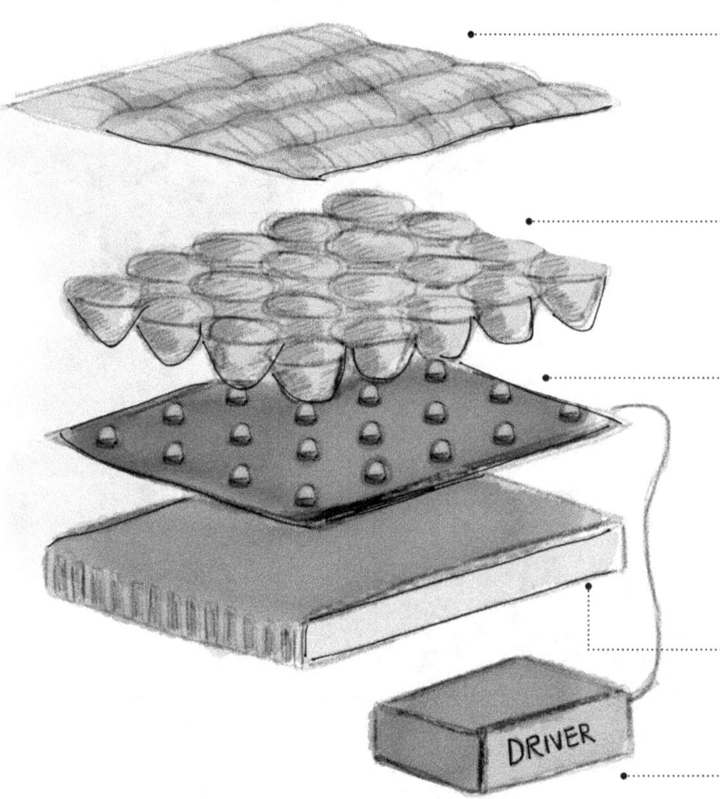

Ópticas terciarias
Las Ópticas terciarias plásticas pueden ser diseñadas para proporcionar cualquier patrón de distribución de luz deseado.

Colimadores
Los Colimadores plásticos moldeados por inyección maximizan la recolección de la luz de los LEDs (más del 90% de la eficiencia óptica) y ofrecen una amplia variedad de ángulos de luz.

Conjunto Matricial de LEDs (array)
Conjunto de LEDs de alto brillo distribuidos en forma matricial ensamblados sobre una tarjeta impresa montada sobre metal (Aluminio). Para buena conductibilidad térmica y conexiones rígidas, que permiten una conexión eléctrica confiable.

Disipador de calor
Evacuación óptima del calor para mantener la eficiencia del sistema.

Fuente de poder
Conversión de corriente contínua a corriente alterna, más transformadores de bajo voltaje a 220/230V.

Dibujo realizado a partir de Xicato.

LEDs y luz de color

Los LEDs también se han acreditado como las fuentes generadoreas de luz de color por excelencia, esto por dos razones: En primer lugar poseen en su compocisión un alto nivel de saturación de un color monocromo, y por otro lado, son una tecnología muy eficiente debido al control que se puede lograr de la energía a partir de los equipos auxiliares electrónicos, indispensables para hacer funcionar esta tecnología. A pesar de su corta existencia, su aparición ha significado un cambio abrupto para el diseño de iluminación, lo que se refleja aún más en los casos donde se utiliza el color como elemento principal.

Posibilidades de color

LEDs RGB de alto brillo de varios colores:

R (Red) - rojo

G (Green) -verde

B (Blue) - azul

Cada color (R, G, B) posee 256 niveles de intensidad de brillo.

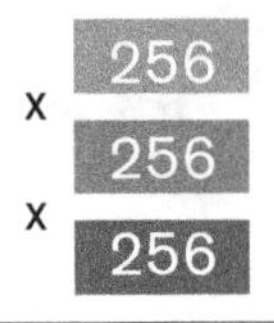

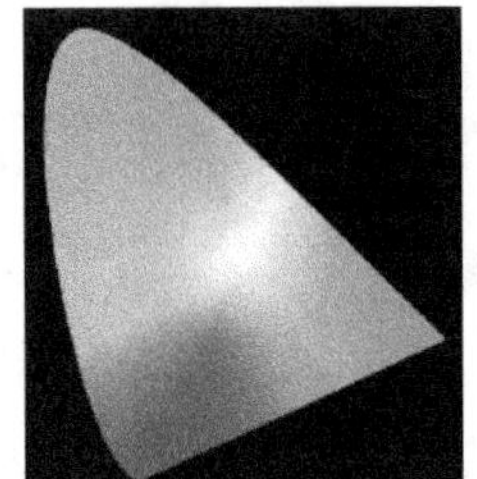

16,7 millones
de combinaciones
de color

LEDs y luz blanca

Existen distintas formas para crear luz blanca
1. Luz blanca vía LEDs RGB

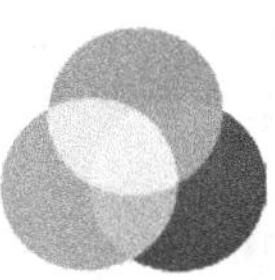

2. Se utilza un LED azul y se le agrega una placa de fósforo (que contiene el verde y rojo), creándose la luz blanca.

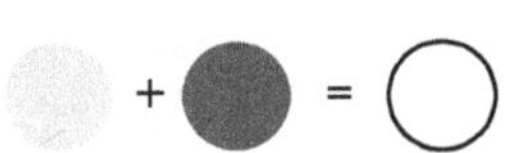

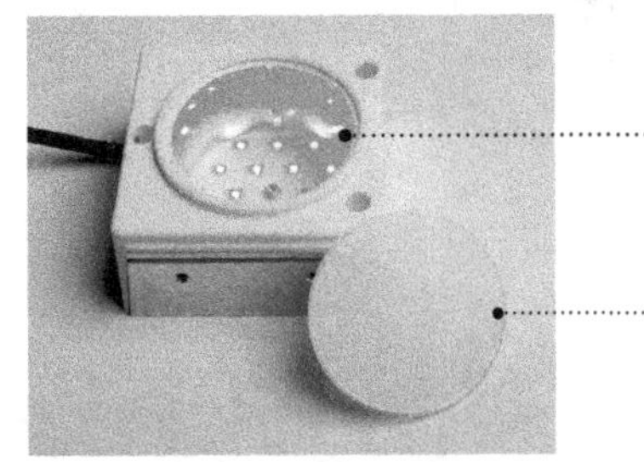

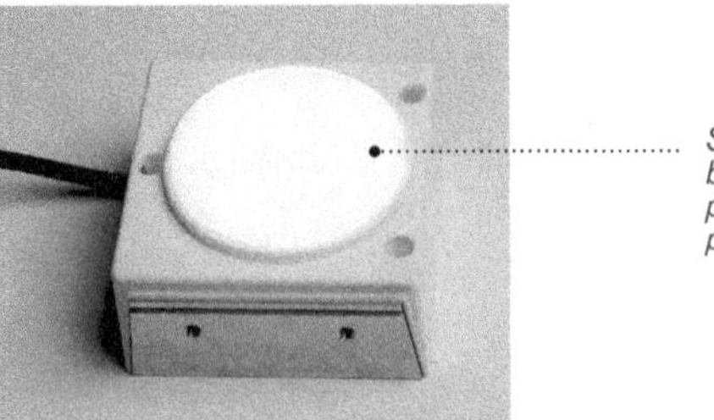

ERCO 2009, pag. 148
Esquema diagrama cromatico: recuperado de: https://oscarpalacios.com/2014/02/14/introduccion-a-la-gestion-del-color/

5.4. Temperatura de color y reproducción cromática (Ra) de las fuentes

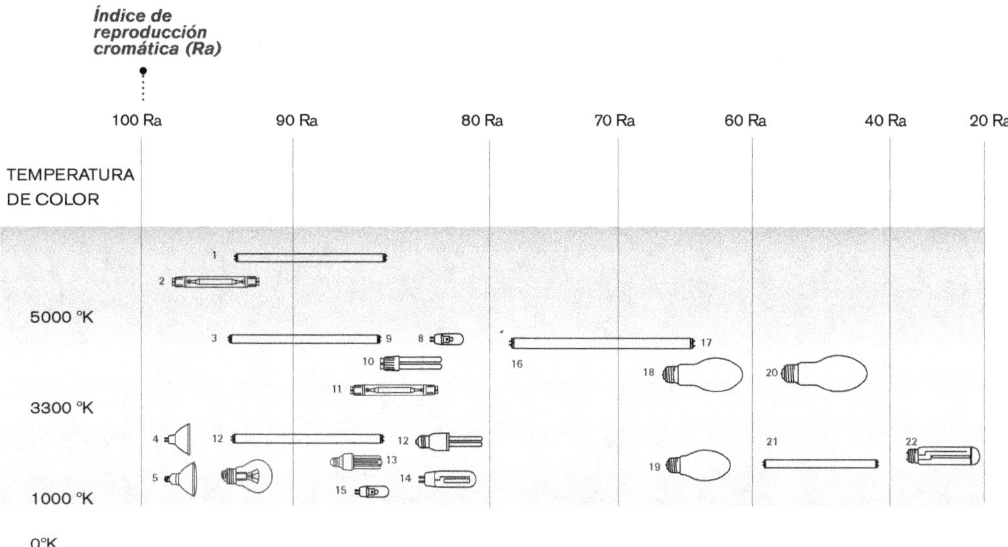

1. Fluorescente de alta gama, blanco luz día
2. Halogenuros metálicos blanco luz día
3. Fluorescente de alta gama, blanco neutro
4. Fluorescente de alta gama, blanco cálido
5. Halógenas
6. Incandescentes
7. Fluorescentes trifósforo, blanco luz día
8. Halogenuros metálicos blanco neutro
9. Fluorescentes trifósforo, blanco neutro
10. Fluorescentes compactas, blanco neutro
11. Halogenuros metálicos blanco neutro
12. Fluorescentes trifósforo, blanco cálido
13. Fluorescentes compactas, blanco cálido
14. Vapor de sodio de alta presión (GR 1B)
15. Halogenuros metálicos blanco cálido
16. Fluorescentes, blanco universal
17. Fluorescentes estandard, blanco neutro
18. Halogenuros metálicos blanco neutro
19. Vapor de sodio de alta presión (GR 2B)
20. Vapor de mercurio alta presión
21. Fluorescentes estandard, blanco cálido
22. Vapor de sodio de alta presión (GR 4)
23. LEDs

5.5. Formatos de las lámparas

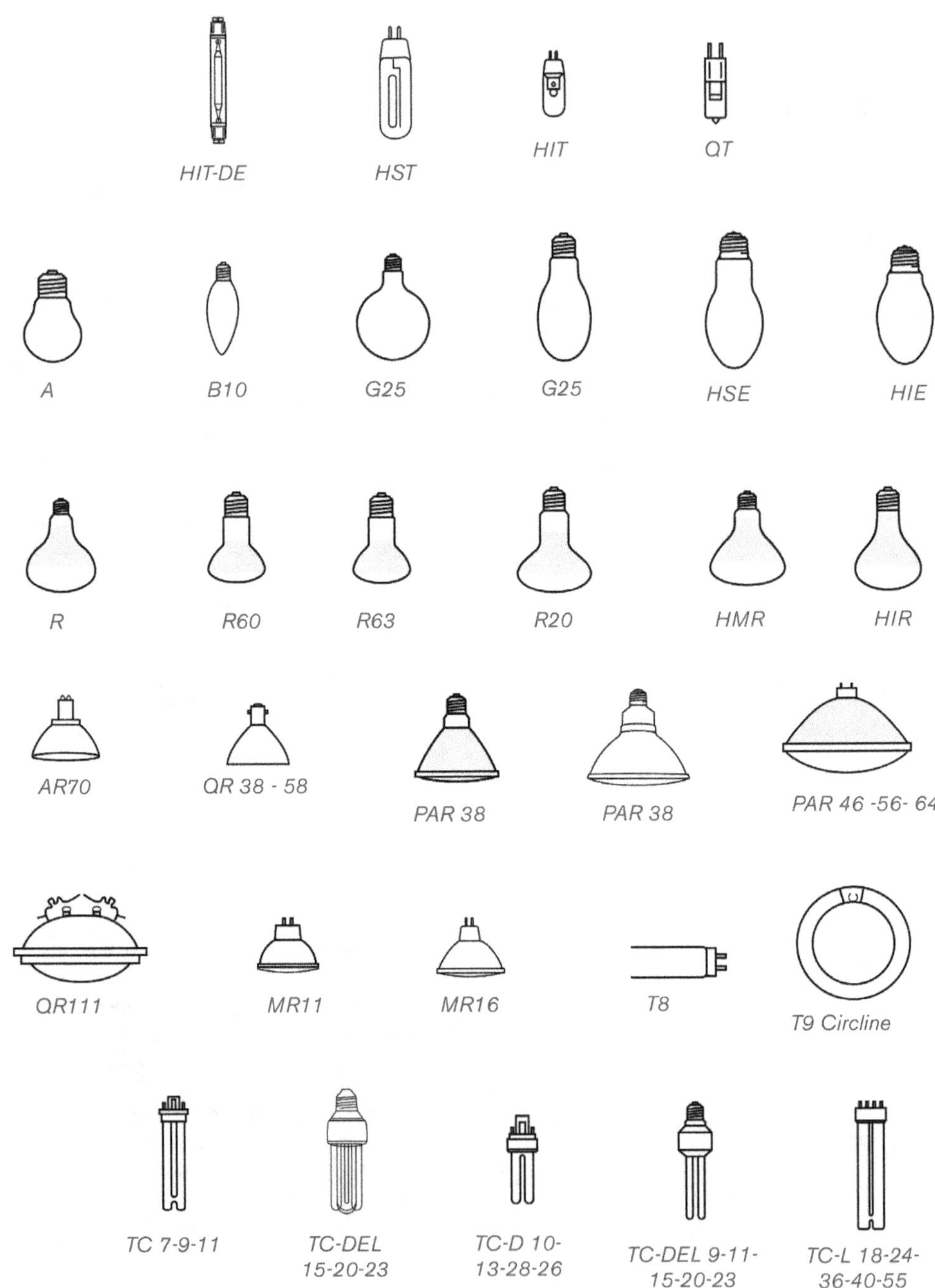

ERCO. Ganslandt y Hofmann. Pag. 45 - 60.

5.6. Bases de las lámparas

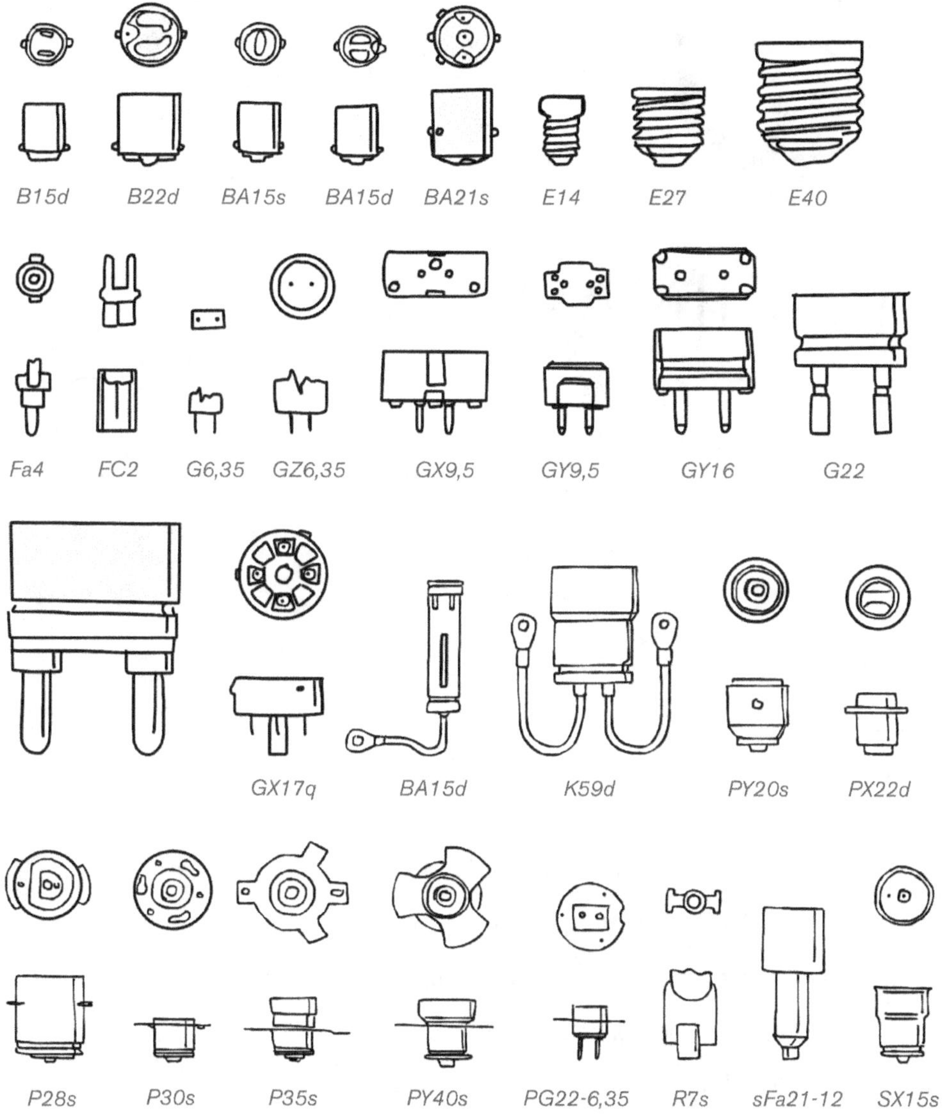

6

LUMINARIAS

CIE (Comisión Internacional de Alumbrado)

6.1. Definición

Luego de comprender qué son las fuentes de luz, nos encontramos con un nuevo concepto, que normalmente le llamamos de diversas formas no adecuadas, como lámparas, focos, etc, cuando en realidad la palabra correcta es "luminarias". Podría definirse como el cuerpo envolvente de la lámpara, el kit eléctrico auxiliar y un sistema óptico que podría contribuir en el control luminoso. Como se puede ver en el dibujo, éstas abarcan una infinidad de formas, tamaños y diseños.

6.2. Tipos de luminarias

Existen múltiples tipos de luminarias. Un grupo significativo está formado por luminarias decorativas, pero nos centraremos en las luminarias con propiedades luminotécnicas definidas, que pueden servir como elementos de construcción en la iluminación arquitectónica. También aquí existen múltiples tipos. A continuación se muestran algunos ejemplos de luminarias, agrupados según sus usos y formatos.

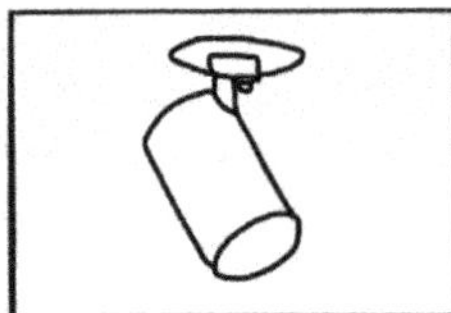

Pxroyector.

Downlight de suspender.

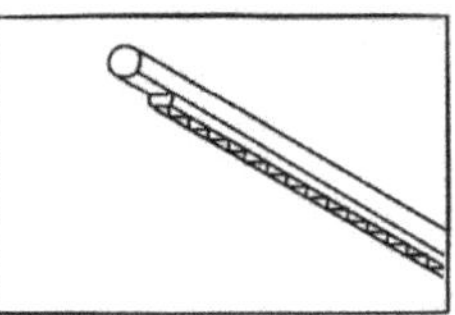

Estructura luminosa montada al techo con luminarias de radiación directa para lámparas fluorescentes

Estructuras luminosas

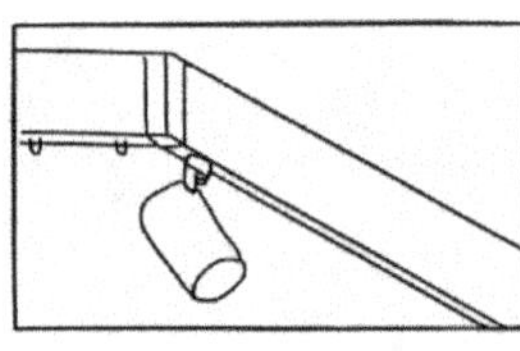
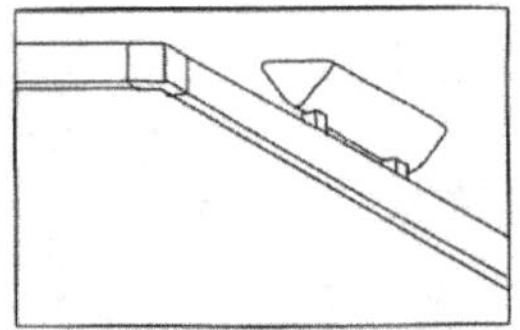
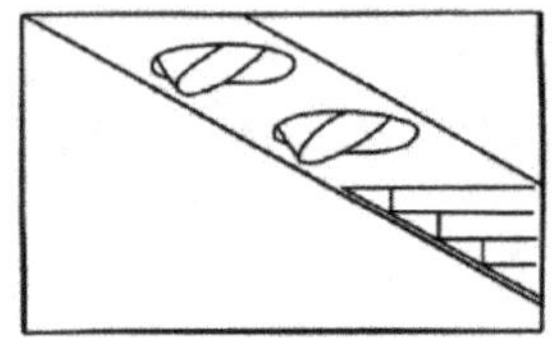
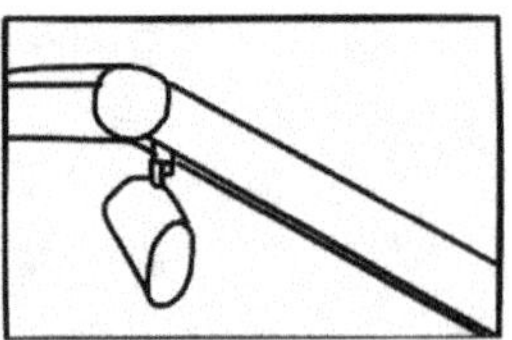

Las estructuras luminosas son sistemas que se componen de elementos modulares, que unen luminarias integradas y que posibilitan la fijación y el suministro eléctrico a luminarias orientables, como proyectores. Reúnen la posibilidad de luminarias orientables y de instalación fija. Las estructuras luminosas se pueden componer de rieles, vigas, perfiles tubulares o paneles.

(Ganslandt y Hofmann, p. 104)

Instalación para luminarias de retícula empotrables con lámparas fluorescentes y proyectores orientables empotrables para lámparas halógenas incandescentes.

Bañadores de muro en general

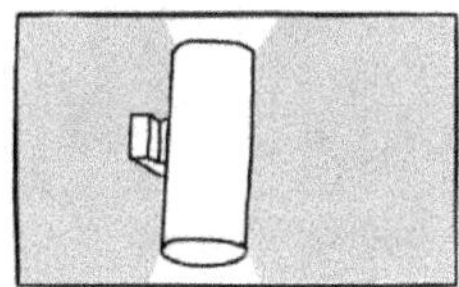

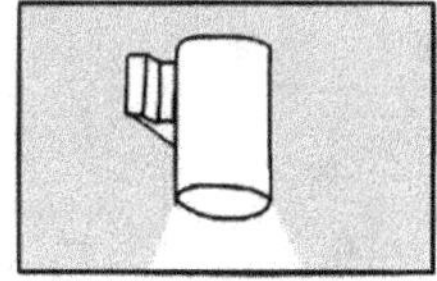

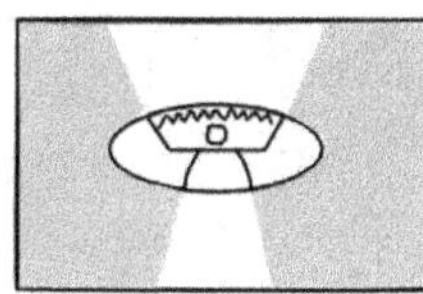

Up-Downlight para lámparas halógenas incandescentes o fluorescentes compactas / LEDs.

Downlight montado en pared para lámparas reflectoras halógenas / LEDs.

Downlight empotrado en cielo falso.

Bañadores de cielo

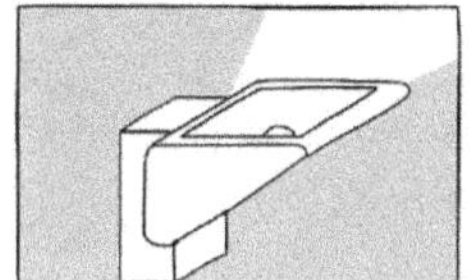

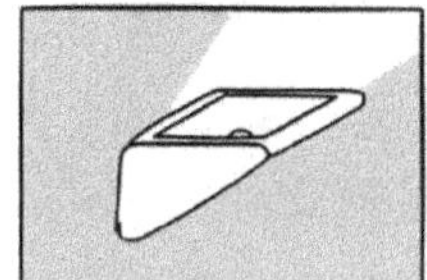

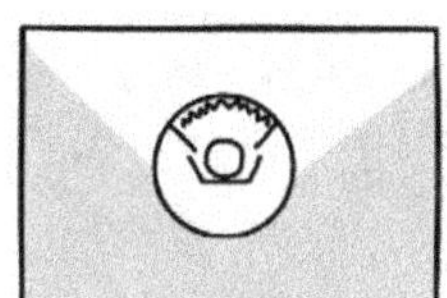

Bañador de cielo montado en pared para lámparas fluorescentes compactas o halógenas incandescentes.

Los bañadores de cielo sirven para iluminar o dar luminosidad a techos, así como para la iluminación general indirecta. Se montan en la pared por encima del nivel de visión o suspendidos. Se utilizan principalmente con lámparas de alto flujo luminoso como las halógenas incandescentes para tensión de red y lámparas de descarga de alta presión.

Bañadores de piso

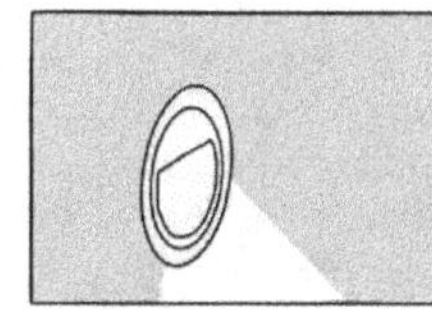

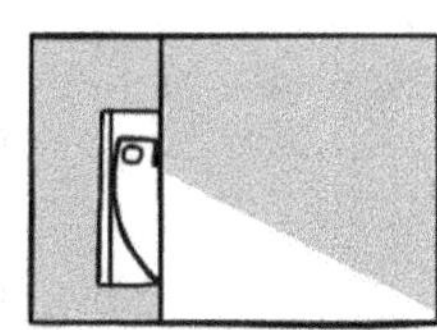

Bañador de suelo integrado en la pared para lámparas fluorescentes compactas.

Ópticas asimétricas

Los bañadores de suelo se utilizan principalmente para la iluminación de pasillos y otros pasos de circulación. Se montan relativamente bajos empotrados en la pared o de superficie por encima del suelo. Poseen una forma esférica y cuadrada para lámparas incandescentes o fluorescentes compactas, y forma rectangular para lámparas fluorescentes.

Dibujos realizados en base a ERCO: Ganslandt y Hofmann

Luminarias de retícula

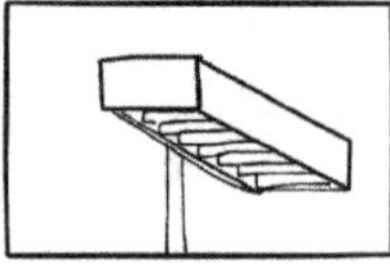 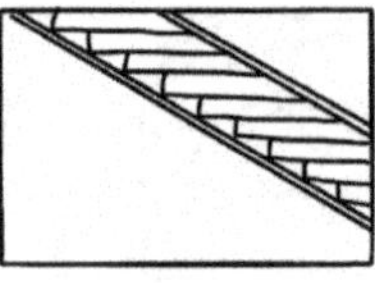 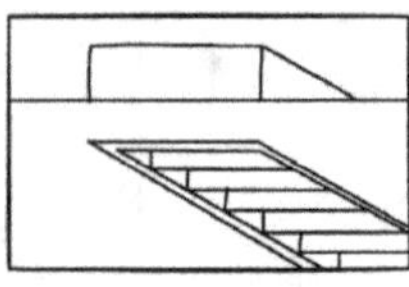 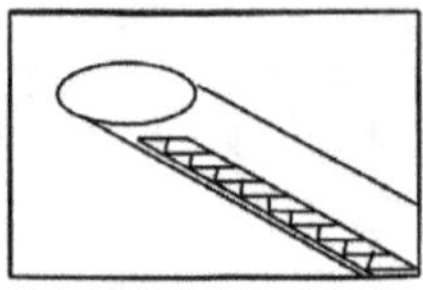

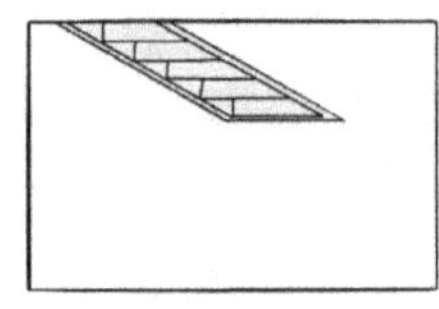

Poseen reflectores de rejilla que sirven para redu-
cir la luminancia de la lámpara y mejorar la relación
de contraste. El deslumbramiento directo en lumina-
rias de retícula se puede limitar de varias maneras.
En su forma más sencilla las luminarias de retícula
disponen de una rejilla de apantallamiento para la
limitación del ángulo de irradiación. No obstante, se
consigue un grado de rendimiento mayor de la lumi-
naria mediante rejillas reflectantes de luz, que pue-
den componerse tanto de un material de alto brillo
como mate. Otra posibilidad para la reflexión de luz
en estas luminarias son las rejillas prismáticas.

(Ganslandt y Hofmann, p. 97)

Luminarias de retícula
empotrable para lámparas
fluorescentes.

Luminarias empotradas (downlight)

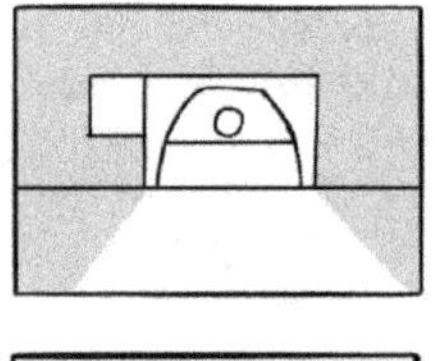 

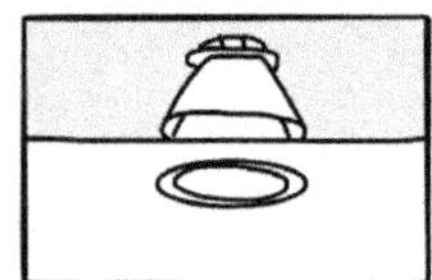 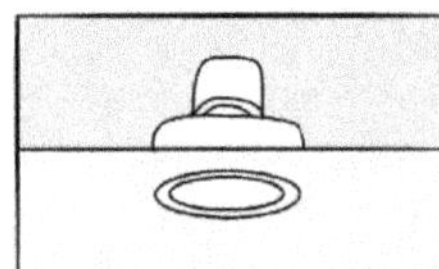

Los Downlights dirigen la luz principalmente de
arriba / abajo. Habitualmente se montan en el te-
cho. En su forma básica los Downlights radian un
cono luminoso verticalmente hacia abajo. Sobre
superficies verticales, como paredes, sus conos
luminosos forman características entradas de for-
ma hipérbola. Los Downlights se ofrecen con una
variada distribución luminosa. Los de haz intensi-
vo iluminan una superficie más pequeña, pero por
su mayor ángulo de apantallamiento deslumbran
menos que los Downlights de radiación horizon-
tal. En algunos tipos de Downlights se colocan
adicionalmente rejillas de apantallamiento en el
orificio del reflector, para proporcionar un menor
deslumbramiento.

(Ganslandt y Hofmann, p. 94)

Luminarias empotradas (downlight orientables)

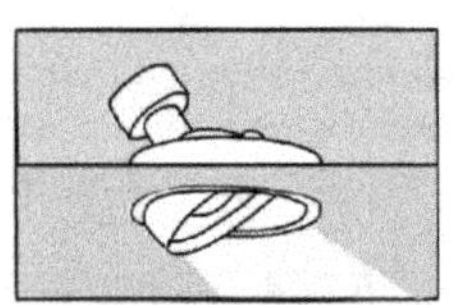 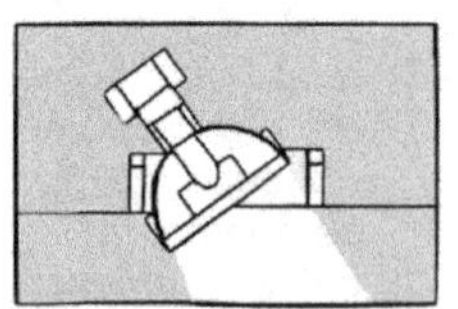

El Downlight-proyector orientable sirve para la
iluminación acentuada de diferentes áreas y obje-
tos. Mediante la orientación del cono luminoso se
puede adaptar a diferentes tareas de iluminación.
Su distribución luminosa es de haz intensivo a
medio horizontal.

(Ganslandt y Hofmann, p. 96)

Dibujos realizados en base a ERCO: Ganslandt y Hofmann.

6.3. Clasificación CIE según haz de luz

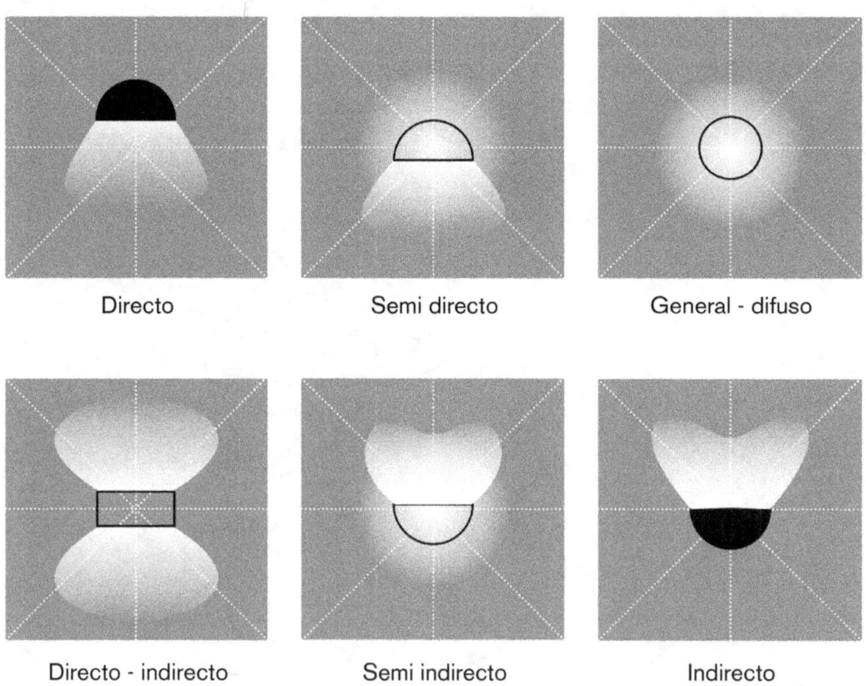

Típicos anchos de haz para lámparas reflectoras

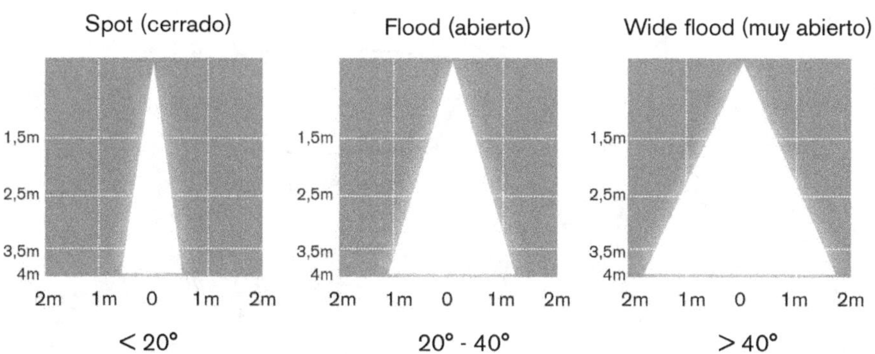

Clasificación de proyectores de radiación directa y distribución simétrica

En función del ángulo bajo el cual se irradia el 50% del flujo total luminoso

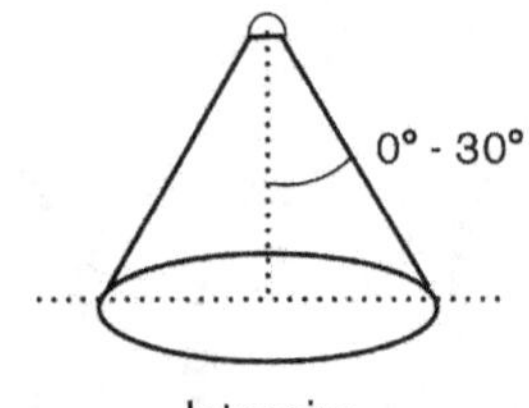

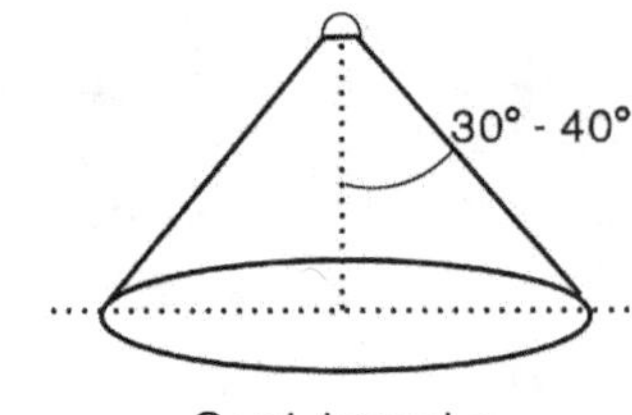

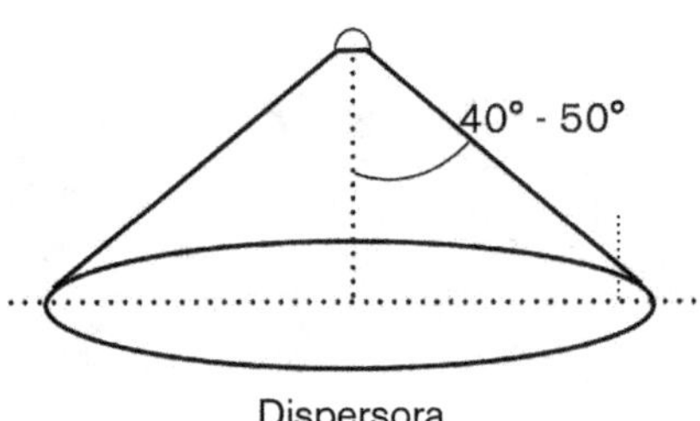

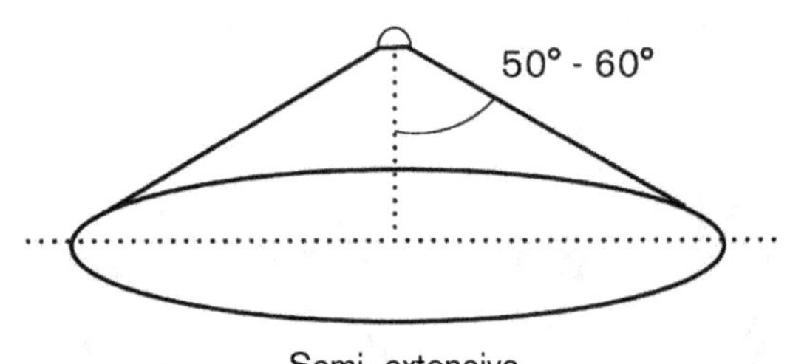

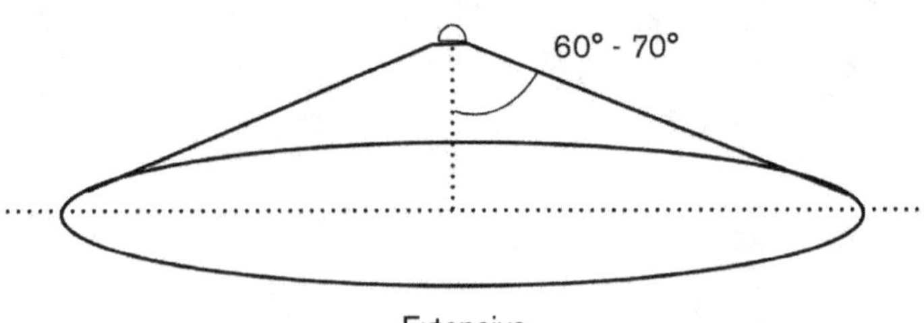

6.4. Componentes auxiliares

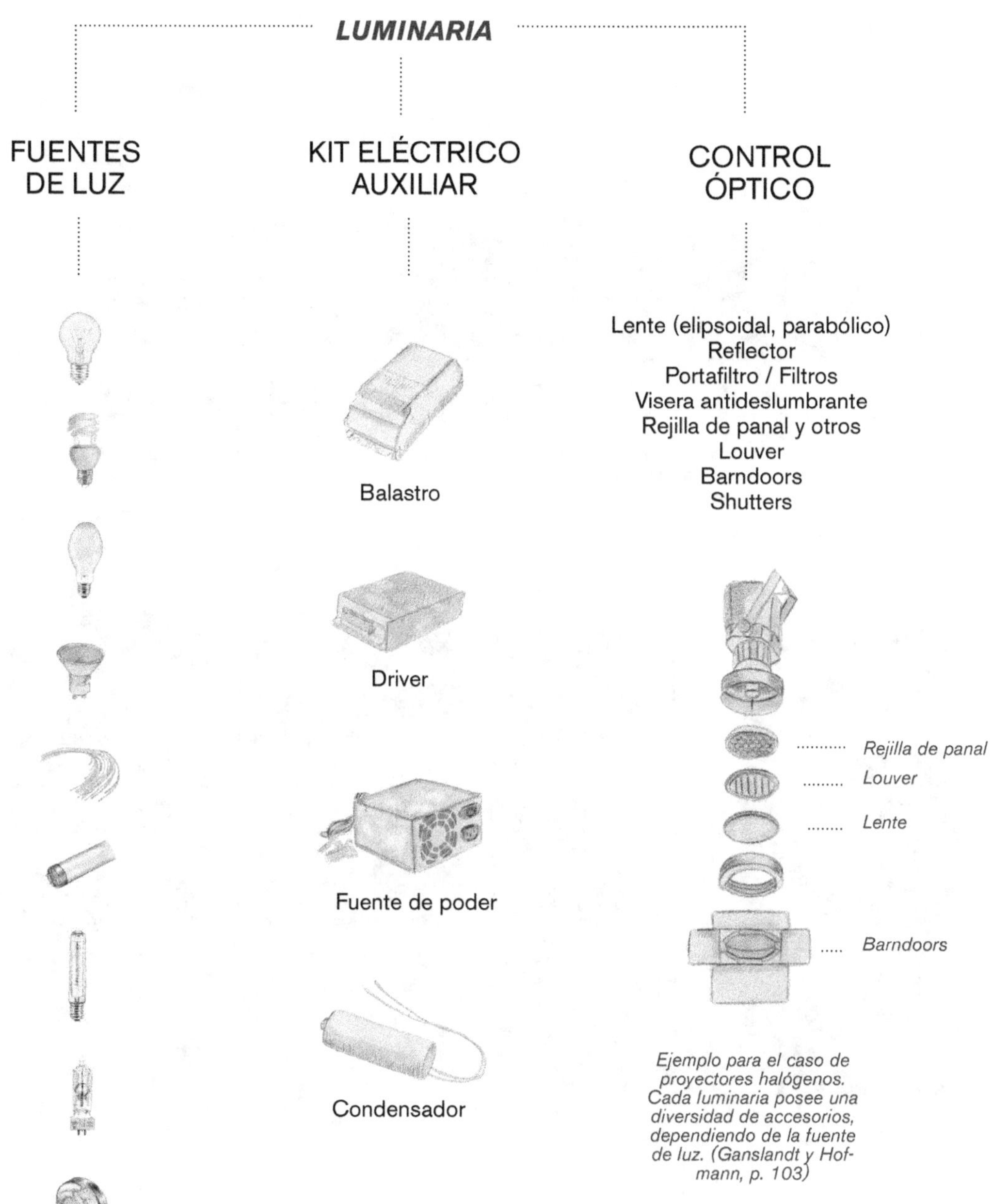

Ejemplo para el caso de proyectores halógenos. Cada luminaria posee una diversidad de accesorios, dependiendo de la fuente de luz. (Ganslandt y Hofmann, p. 103)

6.5. Algunas configuraciones de luminarias

Disposición de luminarias

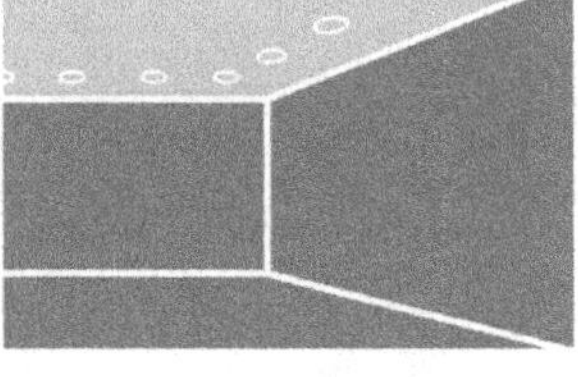

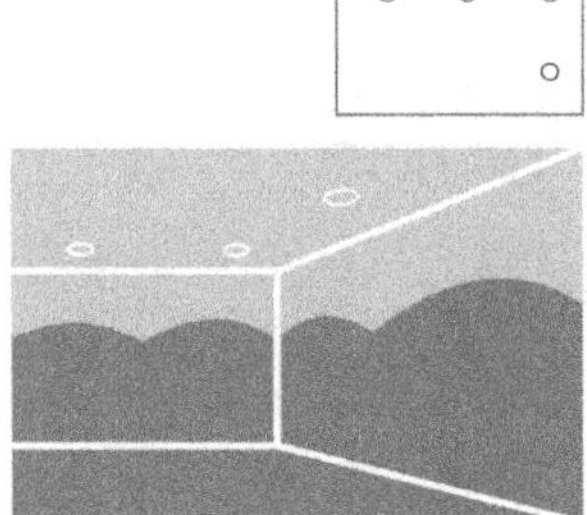

Los Downlights se montan a la mitad de la distancia entre luminarias desde la pared. Las luminarias de esquina deberían montarse sobre la línea de 45° para producir idénticos conos.

La distancia de bañadores de pared y Downlights debería ser de 1/3 de la altura del espacio; la distancia de las luminarias entre sí no debería sobrepasar 1,5 veces la distancia de pared.

En espacios con estructuras arquitectónicas, la disposición de las luminarias debería ser adaptada a estos elementos, de manera de favorecer su forma y propiedades.

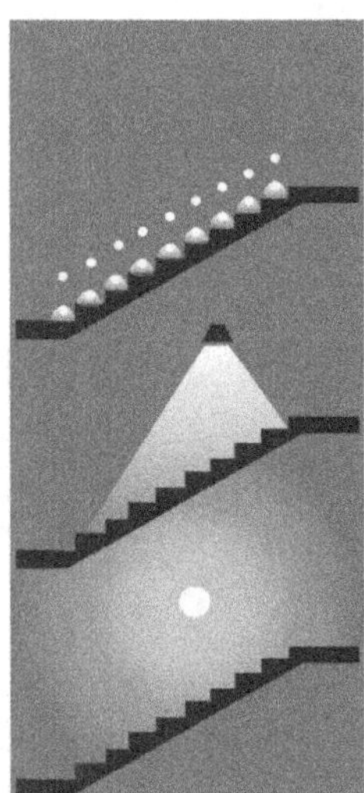

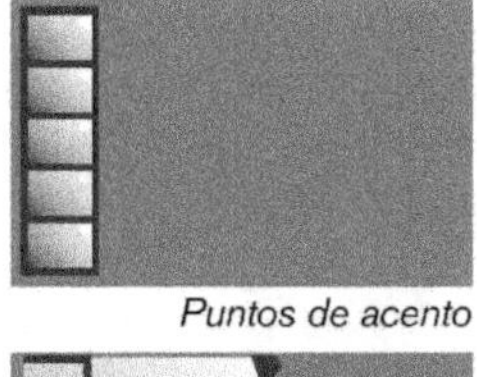

Puntos de acento

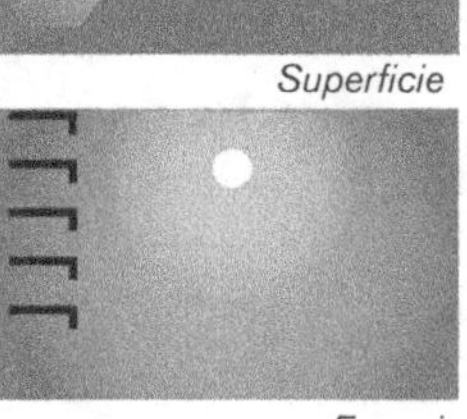

Superficie

Espacio

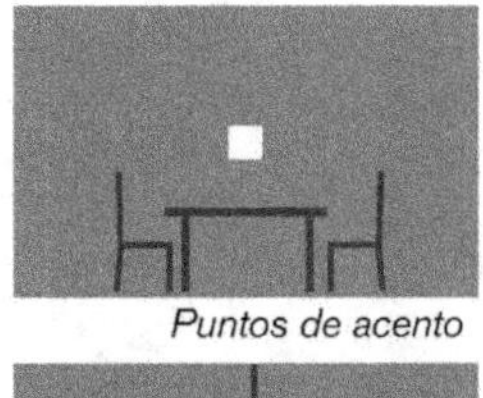

Puntos de acento

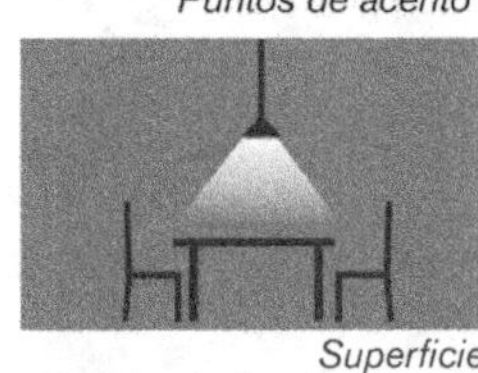

Superficie

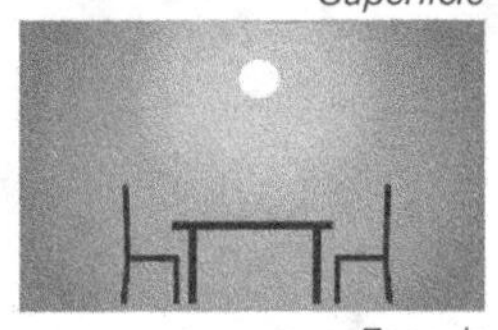

Espacio

Acento en escritorio

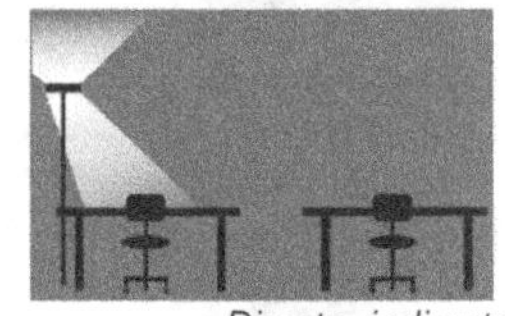

Directo- indirecto

Luz general

ERCO. Ganslandt y Hofmann. pag 148
Lighting Design Basics. Series (4). pag. 49

Recomendaciones
para leer

*La altura de la luminaria y
la altura de la mesa deben
poner la parte inferior de
la pantalla al nivel del ojo.
El centro de la luminaria
debe estar en línea con los
hombros del lector.*

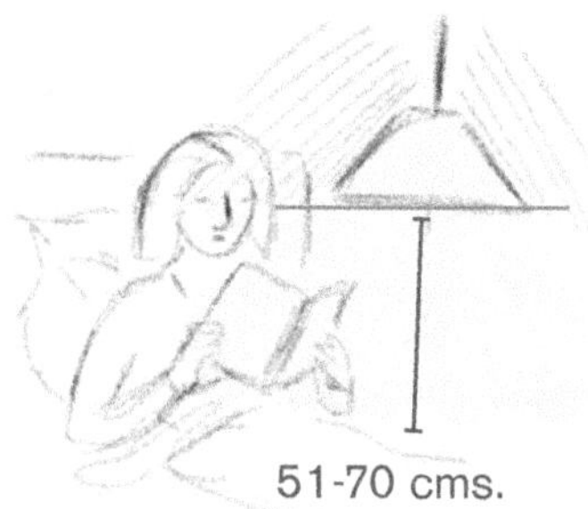

*La parte inferior de la sombra de la luminaria de brazo ajus-
table, en la pared, debe ir 50.8-60.9 cms. por encima
de la parte superior del colchón , dependiendo de la altura
de la persona. Se recomienda 50.8-55.9 cms. de distancia
desde el centro del libro al centro de la luminaria.*

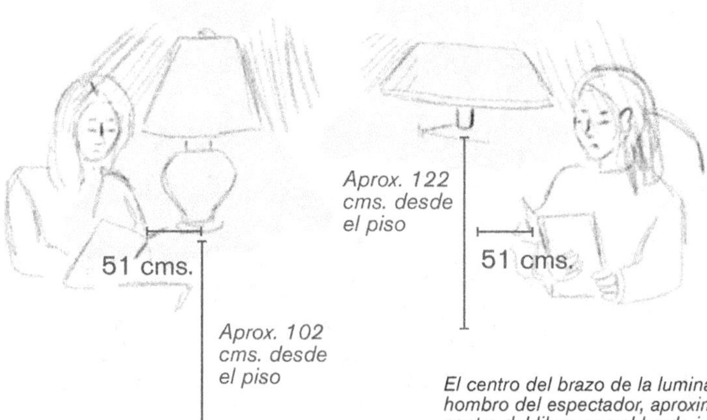

*El centro del brazo de la luminaria está en línea con el
hombro del espectador, aproximadamente 50,8 cms. del
centro del libro, con el borde inferior de la pantalla al nivel
del ojo. Las luminarias de pared a menudo se encuentran
a un lado y detrás del hombro del lector, donde es mejor
tener el borde inferior de la sombra a 119,4 a 124,5 cms.
por encima del suelo.*

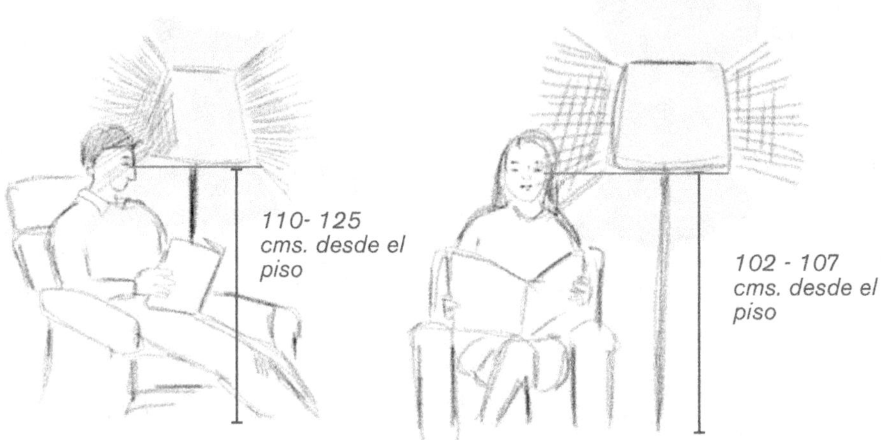

*Las luminarias de pie pueden propagar la luz gene-
rosamente y añadir énfasis vertical a una habitación.
Cuando se coloca al lado y ligeramente detrás de una
persona sentada y la luz viene por la espalda, el borde
inferior de la pantalla debe estar entre 109,2 y 124,5
cm por encima del suelo. Si la luminaria es más corta,
se debe colocar en línea con el hombro el espectador
y lo suficientemente cerca para que la luz caiga a
través de la tarea visual.*

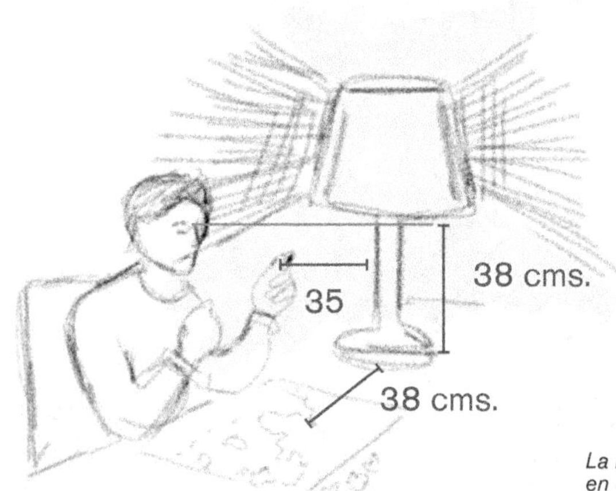

*La mejor ubicación para un escritorio o mesa de trabajo es
en contra de una pared lisa, de color claro con un acabado
mate, o colocado en un ángulo recto a una ventana
para utilizar la luz del día . La superficie superior de la
mesa debe ser sin brillo. Una luminaria portátil puede ser
movida por el usuario para el control de deslumbramiento.
La parte inferior de la sombra debe ser de aproximadamente
38,1 cms. por encima de la superficie de trabajo, y
lo suficientemente alta para que la fuente de luz no sea
visible desde una posición de pie o sentado.*

7

SISTEMAS DE ILUMINACIÓN

El sistema de iluminación es fundamental para tener en cuenta la habitación de un espacio, las tareas visuales que se llevan a cabo, el estilo de la decoración y el mobiliario, entre otras cosas. Todo esto influirá significativamente en la iluminación que se requiere. Los sistemas de iluminación en interiores pueden dividirse en aquellos que tienen un propósito más funcional: SISTEMAS PRIMARIOS, y los que no son cubiertos por el anterior: SISTEMAS SECUNDARIOS.

7.1. Sistemas de iluminación primarios:

1. Iluminación General

Consiste en un alumbrado funcional que proporciona una iluminancia horizontal requerida sobre todo el área, con un cierto grado de uniformidad. La iluminación general es acompañada frecuentemente de otros sistemas de iluminación para destacar ciertos elementos. Una de las principales ventajas de este sistema de iluminación, es que permite la versatilidad de los espacios, es decir, la flexibilidad en la ubicación de las tareas o elementos a iluminar. Por otro lado, la desventaja es que en algunos casos se utiliza mucha energía en iluminar todo el área, en vez de hacer hincapié en tareas más críticas.

Dentro de esta categoría, al igual que en las demás, se puede considerar distintos tipos de iluminación: Directa, indirecta y mixto, de las cuales se hablará con detalle en la página siguiente.

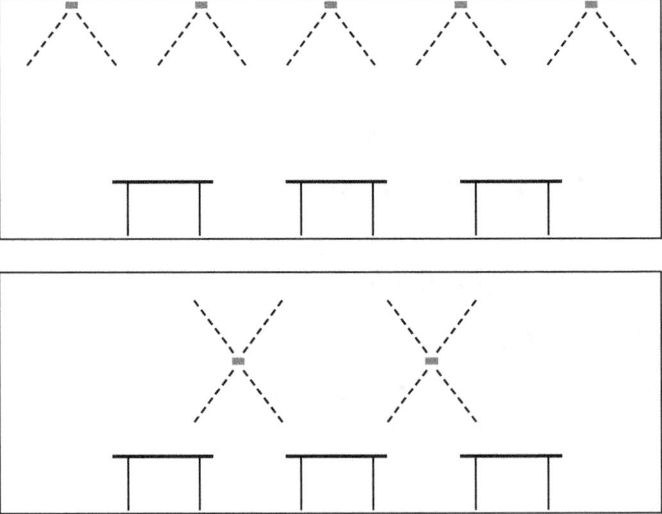

Las imágenes muestran distintas opciones de iluminación general, en primer lugar las luminarias de iluminación directa montadas en el cielo, y abajo se muestran las luminarias de iluminación directa e indirecta, montada sobre la pared.

Philips.1995, pag 155.

Directa

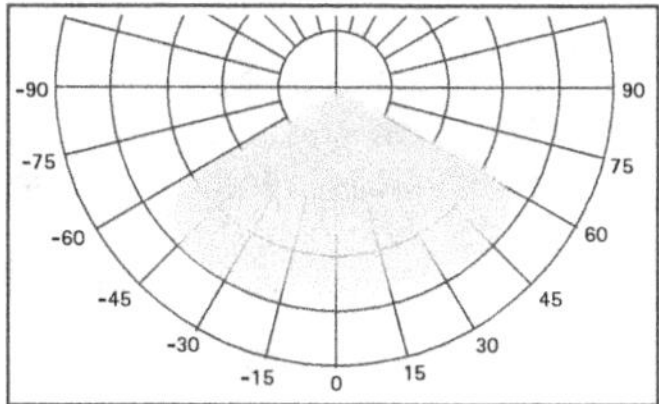

Suele utilizarse con mayor frecuencia este tipo de iluminación en los casos de iluminación general. Consiste en la implementación de luminarias cuya superficie de emisión de luz es dirigida hacia abajo, y se ubican en una disposición regular, es decir, en grupos o filas a lo largo de todo el cielo.

Indirecta

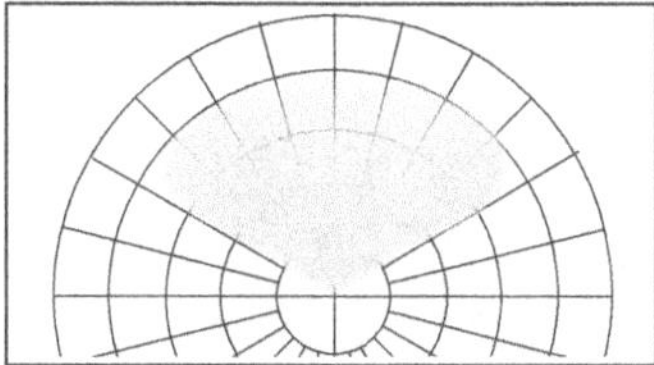

En este caso, la superficie de emisión de luz es dirigida hacia arriba, iluminando por reflejo el entorno. Las luminarias pueden estar suspendida del cielo, adosadas a la pared, o incorporadas al mobiliario. Esta iluminación no genera sombras.

Mixta

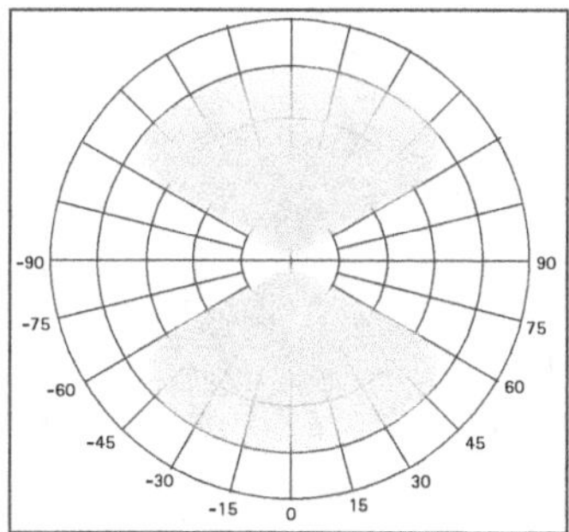

Combinación de las dos tipologías anteriores, para iluminar homogénamente el espacio.

Imágenes: http://www.cad-projects.org/4.3.3-manual_luminotecnia/index.php?art=6

2. Iluminación Localizada

A diferencia de la iluminación general, la localizada proporciona una iluminación específica, puntual, para la tarea. Por lo general es de haces cerrados, que sirve de complemento para la iluminación general, con un uso eficiente de la energía. Es aconsejable utilizar este sistema cuando las tareas visuales son muy críticas, y se requiere iluminancias específicas, especialmente cuando se trata de personas mayores o con capacidad visual reducida. Por otro lado, se utiliza cuando es necesario que la luz provenga de una dirección en particular para resaltar ciertos elementos de un objeto, como texturas y formas, puesto que la luz general no penetra en todas las áreas.

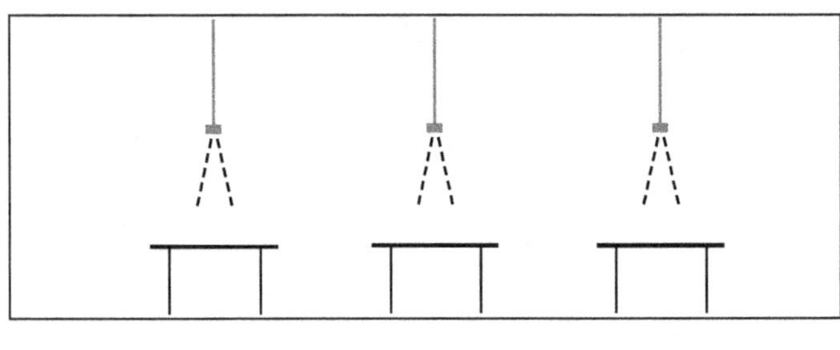

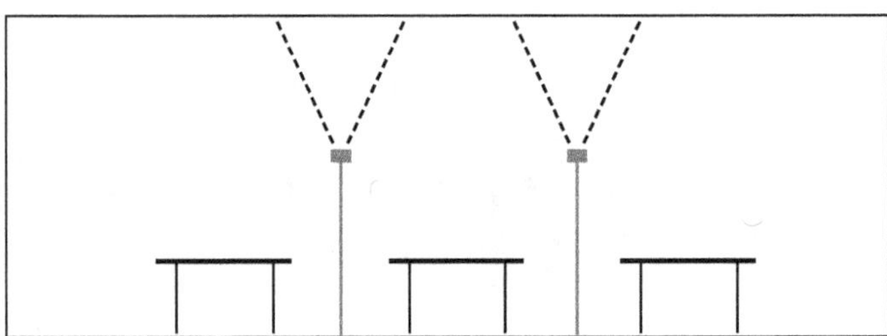

En la imagen de arriba se muestra una iluminación localizada directa proporcionada por luminarias agrupadas, y en la imagen de abajo se presenta un ejemplo de luminarias indirectas independientes.

Directa

Indirecta

Mixta

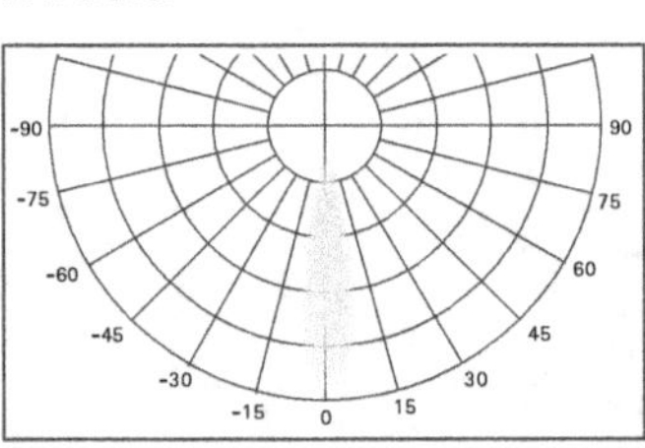

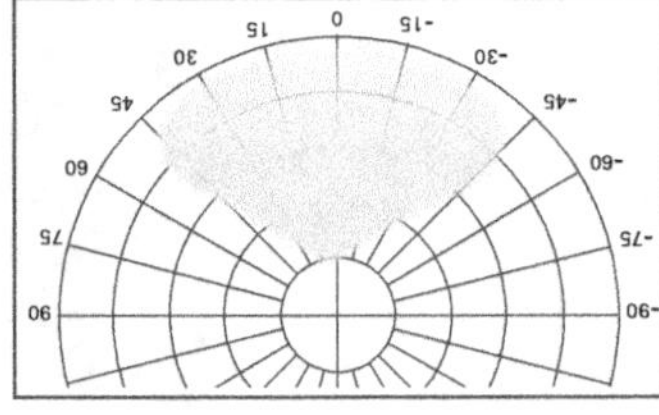

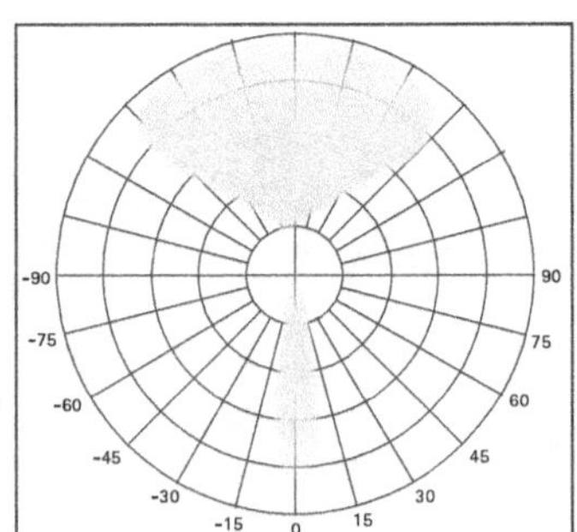

La ventaja de la iluminación directa es que brinda mayor utilización de la luz en áreas determinadas. La desventaja es la poca flexibilidad que permite de acuerdo al mobiliario.

3. Iluminación Local + General

Como dijimos anteriormente, la iluminación localizada es una manera económica de proporcionar una cierta cantidad de luz sobre un área en que se requiere realizar una tarea visual específica. Sin embargo, utilizar sólo iluminación local no es lo más recomendable, y debe ir acompañada de iluminación general.

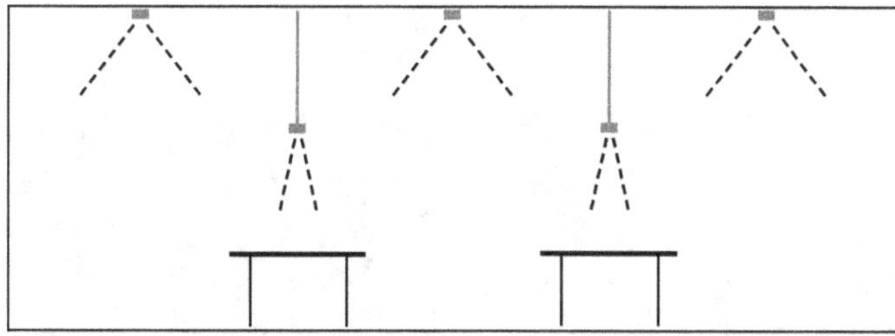

7.2. Sistemas de iluminación secundarios

Cuando se requiere algo más que una iluminación puramente funcional, es preciso incluir los sistemas de iluminación secundarios para generar distintos efectos, y lograr el "ambiente" adecuado. A continuación se darán a conocer algunos ejemplos:

1. Ilum. de acentuación

Para enfatizar elementos importantes y desviar la atención hacia ciertos objetos, por medio del contraste de luz, acentuando con iluminación. Por lo general se utilizan luminarias spots direccionales y orientables.

2. Ilum. de efectos

Cuando se quiere acentuar una característica en particular, tomando protagonismo la luz por sobre el objeto. Un ejemplo es emplear luces directas empotradas para crear distribuciones de luz atractivas sobre el muro.

3. Ilum. integrada a la arquitectura

Se utiliza la luz a través de elementos estructurales de la arquitecrura, como cornisas, doseleras, bovedillas, doseles, etc, con el objetivo de ocultar la fuente de luz.

Joyería Helmlinger

Memorial Jaime Guzmán Errázuriz

Parroquia Batuco

Philips 1995. pag 157
Imágenes recuperadas de www.dlld.cl. Fotos por H. Medina.

4. Ilum. decorativa

Uso de luminarias o diseños atractivos, que toman posición en la escena generando puntos de interés en el espacio interior.

5. Ilum. de ambientación

Otorga la posibilidad de destacar o graduar los distintos elementos, creando escenas particulares.

Showroom Hyundai

Showroom Enrique Concha & Co Huechuraba

7.3. Modelación con luz

Una propiedad tanto natural como fundamental de nuestro entorno es su tridimensionalidad. La tridimensionalidad abarca diferentes áreas individuales, desde la extensión del espacio a nuestro alrededor (por la situación y orientación de los objetos en el espacio) hasta su forma espacial y estructura de la superficie.

Para la percepción de formas cúbicas y estructuras de la superficie, en cambio, es de primordial importancia la modelación a través de luz y sombras. Si por ejemplo observamos una esfera con la iluminación totalmente difusa, no se percibe su forma espacial, sólo aparece como una superficie circular. Únicamente cuando la luz dirigida cae sobre la esfera (cuando se forman sombras) se puede reconocer su volumen.

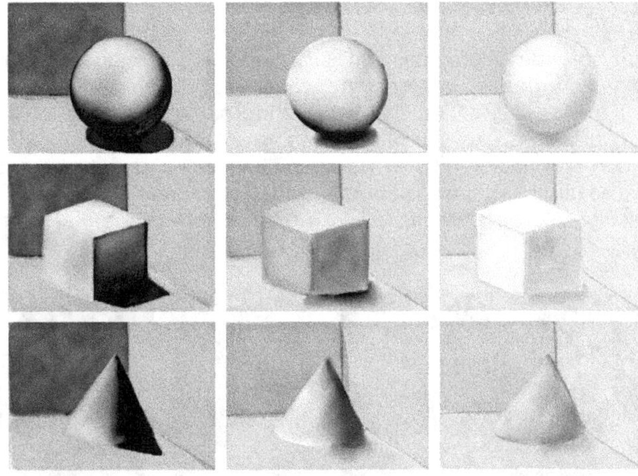

Luz dirigida

Produce una fuerte modelación. Se acentúan formas y estructuras de la superficie.

Luz dirigida y difusa

Produce sombras suaves. Se conocen claramente formas y estructuras de la superficie.

Luz difusa

No produce sombras. Formas y estructuras de la superficie se reconocen con dificultad.

Imágenes recuperadas de www.dlld.cl. Fotos por H. Medina.
Dibujo abajo derecha: Realizado en base a ERCO. Ganslandt y Hofmann. pag 77

7.4. Confort visual y Deslumbramiento

Deslumbramiento

Se denomina deslumbramiento al excesivo brillo que puede causar molestia, disconfort o pérdida de visibilidad. Puede tener causas fisiológicas o psicológicas. En el primer caso provoca la disminución de las capacidades visuales del ojo, producido por los altos contrastes de luminancias en el campo visual, lo que implica que en el ojo la luminosidad proveniente de una fuente de luz recubre la gama de luminancias de la verdadera tarea visual y empeora su perceptibilidad. Por otro lado, existen causas psicológicas que conducen a trastornos subjetivos en el campo visual, evidenciado a través de una sutil distracción en la mirada debido a las elevadas luminancias en una zona en particular. Cabe distinguir dos tipos de deslumbramiento: Directo y reflejado. Ambos pueden generar deslumbramientos fisiológicos y psicológicos.

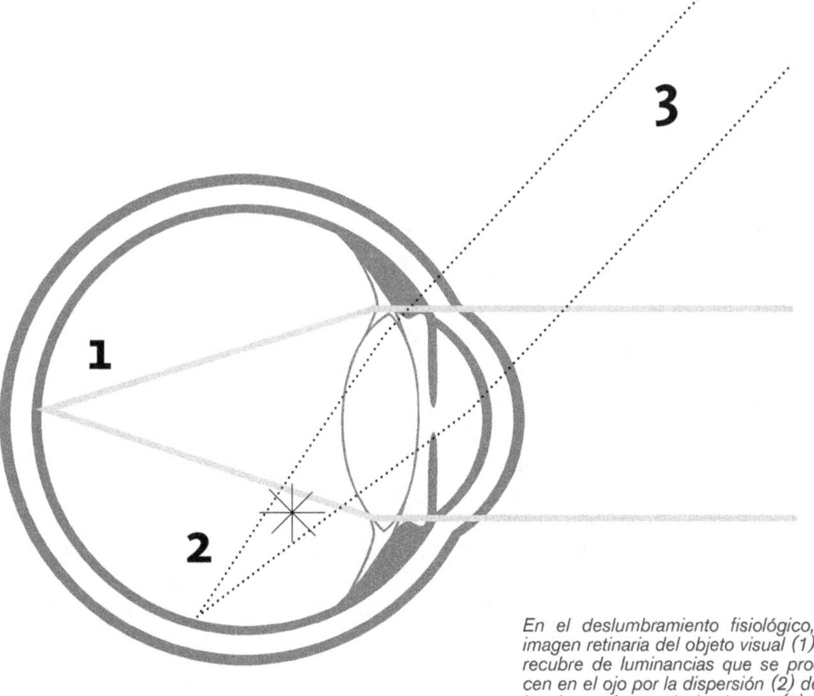

En el deslumbramiento fisiológico, la imagen retinaria del objeto visual (1) se recubre de luminancias que se producen en el ojo por la dispersión (2) de la luz de una fuente deslumbrante (3).

ERCO. Ganslandt y Hofmann. pag. 79

Tipos de deslumbramiento:

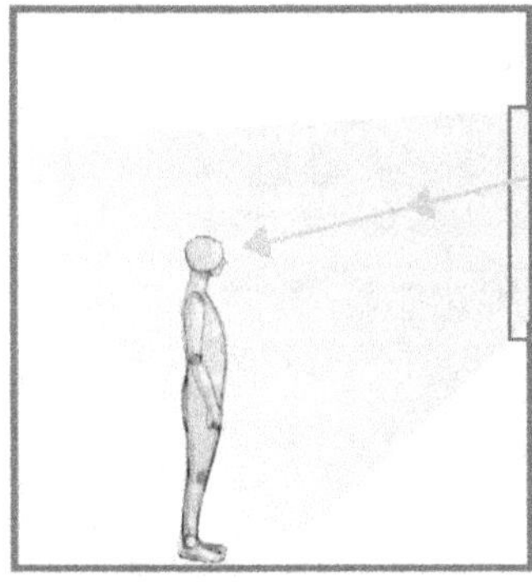 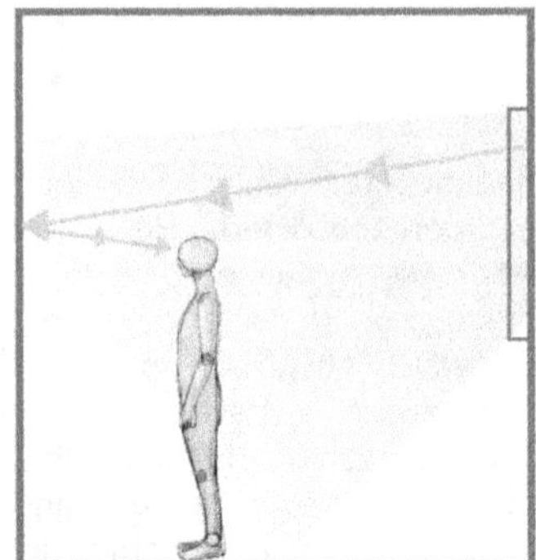

Directo: Causado por una
fuente de luz intensa directa sobre los ojos, que genera molestia o pérdida de la visibilidad. Depende del nivel de luminancia de la fuente y del contraste de luminancia con respecto a la tarea visual, tamaño y proximidad con la tarea.

Reflejado: Cuando las
superficies reflejan la luz puede producir similar molestia, por ejemplo, la luz del sol entra directamente a un espacio interior, reflejándose en las paredes.

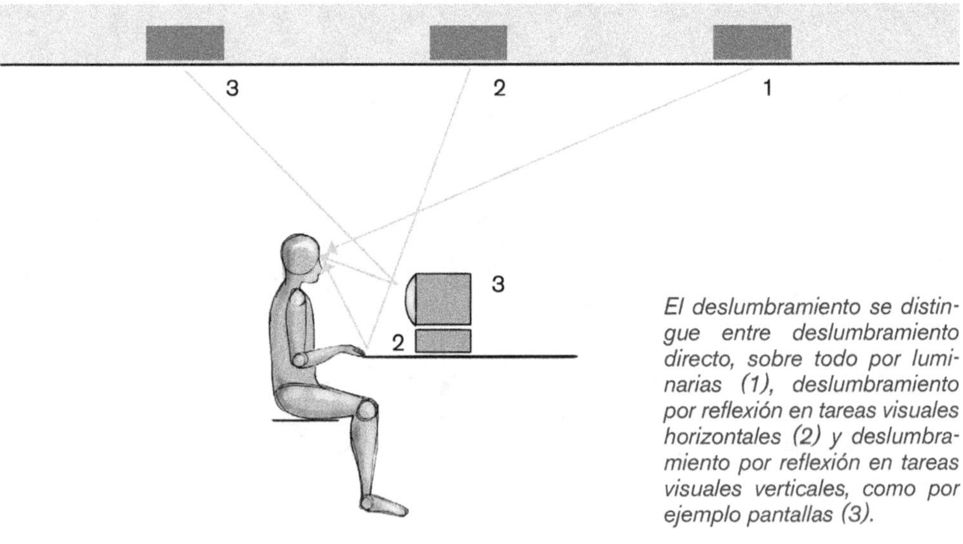

El deslumbramiento se distingue entre deslumbramiento directo, sobre todo por luminarias (1), deslumbramiento por reflexión en tareas visuales horizontales (2) y deslumbramiento por reflexión en tareas visuales verticales, como por ejemplo pantallas (3).

ERCO. Ganslandt y Hofmann. pag. 80

94

7.5. Control de luz y gestión

Una fuente incandescente, al ser atenuada con un dimmer electrónico que corta la onda, baja su flujo luminoso al 50% (por ejemplo), alarga-su vida útil 16 veces (de 1.000 a16.000 hrs.) y produce un ahorro energético de un 40%.

Ahorro y Extensión de Vida Útil

E	Electricidad Ahorrada	Extensión de Vida Útil
90% Lux	10%	
75% Lux	20%	
50% Lux	40%	
25% Lux	60%	Más de 20 veces

Para focos incandescentes comunes

DIMMER ELECTRÓNICO

Niveles de luz

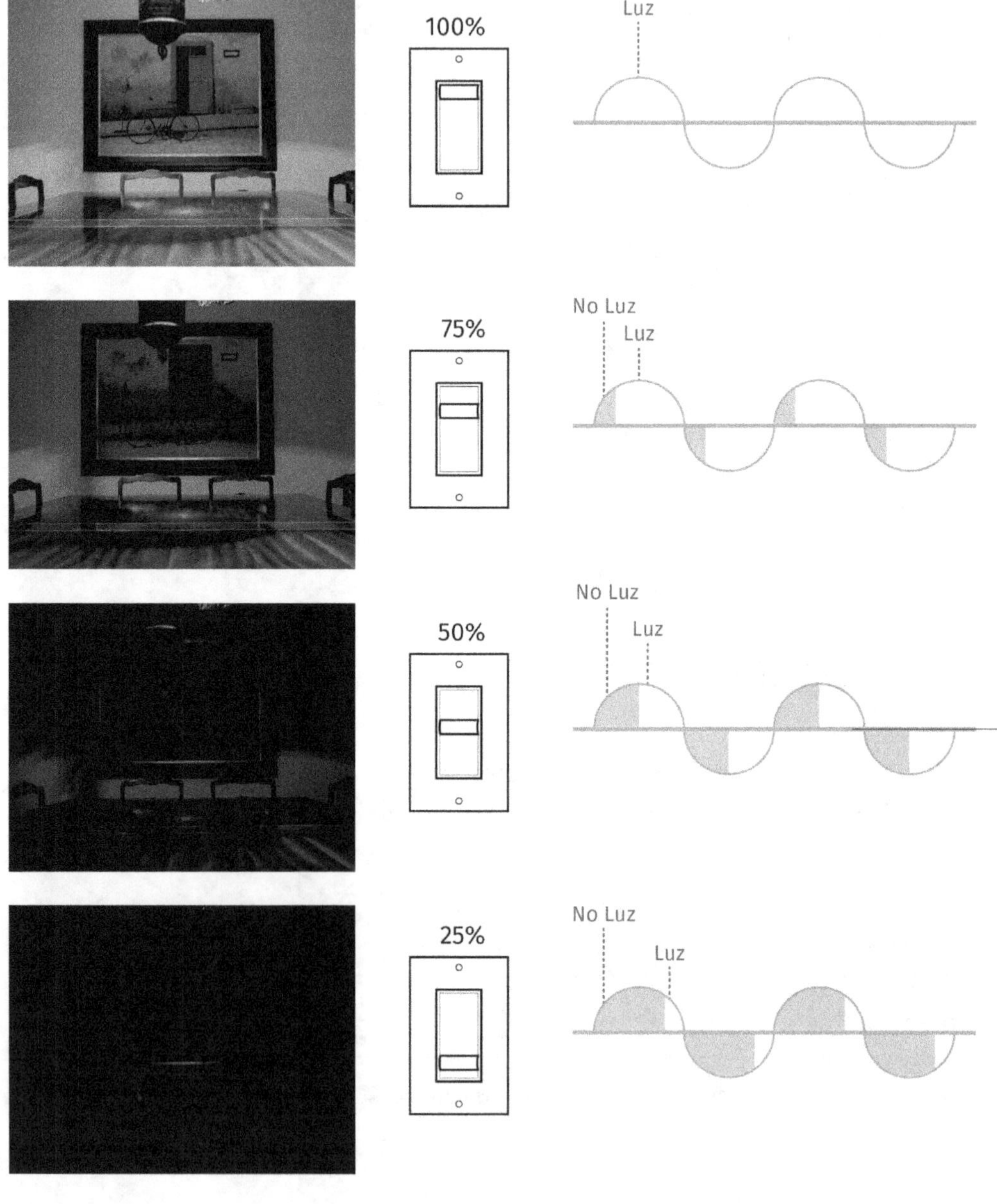

Leonard. pag. 282

7.6. Sistemas programados de control de iluminación

Para poder crear condiciones de percepción óptima para cada situación es posible programar la luz por medio de distintos sistemas. Para lograrlo, es importante considerar los efectos estéticos y psicológicos asociados a cada contexto o espacio, con el objetivo de proporcionar las posibilidades de orientación, remarcar estructuras arquitectónicas y apoyar el mensaje del lugar o momento. Las condiciones para una iluminación de noche son distintas que para una iluminación adicional de día, así como también varía una instalación en una oficina o una escuela. Es por esto que se recomienda generar situaciones de luz regulables y de control. Una condición indispensable es conectar luminarias y grupos de luminarias por separado y controlar su luminosidad, de manera que la iluminancia y la calidad de luz se puedan adaptar a las distinas situaciones y zonas del espacio, creando escenas que se ingresan al sistema. También se pueden conseguir procesos más complejos, por ejemplo, programar el tiempo de transición entre escenas, aumentar o disminuir el nivel de luminosidad de toda una escena de luz, e incluso la utilización de un espacio de oficina para trabajos administrativos o de conferencias, respectivamente.

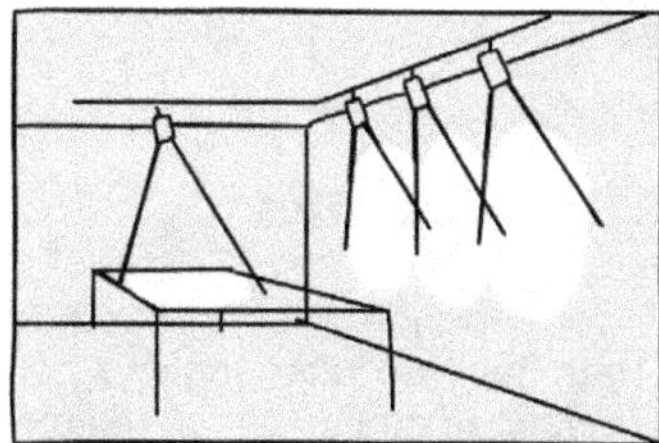

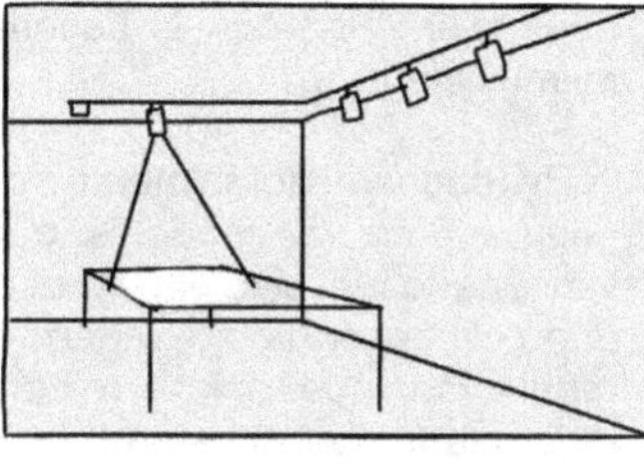

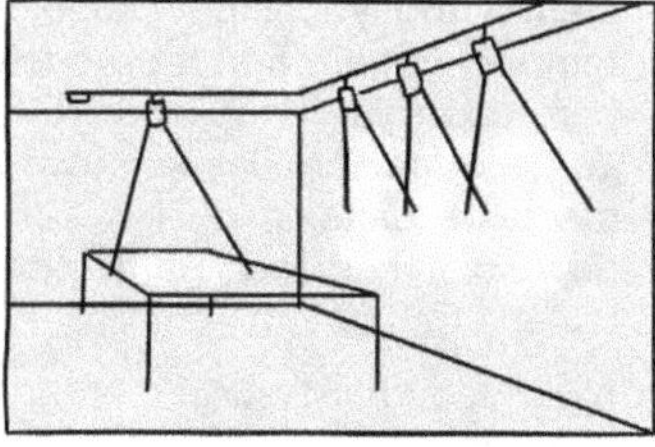

Ejemplo de control a distancia de una instalación de rieles electrificados trifásicos mediante conexión y regulación de circuitos de carga individuales.

Hoy es posible transformar los entornos mediante el uso dinámico de la luz. Los sistemas y tecnologías LED tienen la opción de regularse de manera digital, y con ello lograr el control de la luz para generar distintos efectos según las aplicaciones que se requieran. Para los efectos con iluminación de color y cambios de color de luz, hoy existen líneas de luminarias con controladores y equipos para diversas instalaciones.

Definitivamente, la única forma de tener ahorro es mediante los sistemas de control de luz. Algunos funcionan por medio de sensores, que permiten adaptar automáticamente la iluminación a las influencias cambiantes del entorno, programando escenas luminosas adecuadas y disponerlas en función de los valores de medición de los sensores. En este contexto, las herramientas de iluminación LED contribuyen a la consecución de soluciones de iluminación con un confort visual eficiente, tanto por su gran eficacia luminosa como por su idoneidad para el control.

Fuente: www. erco.com
Dibujos recuperados de ERCO. Ganslandt y Hofmann. pag. 72

MODULACIÓN LED Y
CONTROL DE LUZ

Sistemas para la regulación del color

Dali

El software Light Studio sirve para la creación cómoda de instalaciones de iluminación con Light System DALI y permite acceder cómodamente a sus funciones complejas. Estos permiten un manejo cómodo y confiable del color, por medio de técnicas que mezclan los colores RGB por variación contínua.

Algunas luminarias disponen de equipos auxiliares DALI para el ajuste independiente de la luminosidad y el color de luz. El software puede reconocer la luminaria a través de códigos, lo que facilita la programación.

(www.erco.com)

ERCO

ToBeTouched

Corresponde a un controlador muy fácil de usar, incluso para personas que no tienen relación y conocimiento sobre la luz, pues la interfaz con el usuario es muy intuitiva.

ToBeTouched actualmente se compone de tres modelos, que van desde un sencilla modalidad con encendido, apagado y regulación, que permiten controlar las temperaturas de color blanco frío y blanco cálido, y también cuenta con un modelo para controlar luminarias RGB. La información la suministra mediante señales de luz, sonido y color, haciéndole partícipe al usuario de manera sencilla.

(www.philips.com/catalog)

PHILIPS

Casambi

Casambi permite utilizar una app para el control de las luminarias en un sistema predefinido. Mediante tecnología Bluetooth, es posible encender, apagar, controlar el nivel de *dimming* y corregir el color de luz de las luminarias en el sistema.

No requiere conexión a internet para su uso, ya que las luminarias *smart* se comunican entre sí: basta con estar en rango de una sola luminaria para transmitir instrucciones a las demás. Esta tecnología permite, además, implementar diversos controladores a la vez: la aplicación puede ser instalada en tablets, smartphones, y relojes inteligentes para permitir un mayor rango de opciones para el usuario.

(www.casambi.com)

CAS MBI

UID 8510
ToBeTouched
IR

UID 8530
ToBeTouched
Color ambiente

UID 8540
ToBeTouched
ColorDMX

PHILIPS

8

FUNCIONES QUE INFLUYEN EN EL DISEÑO DE ILUMINACIÓN

8.1. *CAMPO VISUAL DEL USUARIO*

El campo visual es la porción del espacio que el ojo es capaz de ver. La percepción no percibe indistintamente cada objeto en el campo visual; la sola preferencia por el campo foveal, demuestra que el proceso de percepción escoge a propósito determinados campos. Esta elección es inevitable, debido a que el cerebro no es capaz de transformar toda la información visual del campo de vista. Esto no es un problema, sino que también puede resultar oportuno, ya que no toda la información que se puede recoger del entorno es de interés para aquél que la percibe.

Un primer campo, donde se perciben a propósito las informaciones, resulta de la correspondiente actividad del perceptor. Esta actividad puede ser un determinado trabajo, el movimiento o cualquier otra función que se necesita para las informaciones visuales. Las características típicas de las actividades permiten desarrollar condiciones de iluminación, bajo las cuales se puede percibir óptimamente la tarea visual y definir procedimientos de iluminación que optimizan la realización de determinadas actividades.

Fuente: ERCO
Espacio visual preferente
y campo de visión óptimo
para un hombre de pie con
tareas visuales verticales
(figura 1) y tareas visuales
horizontales (figura 2)

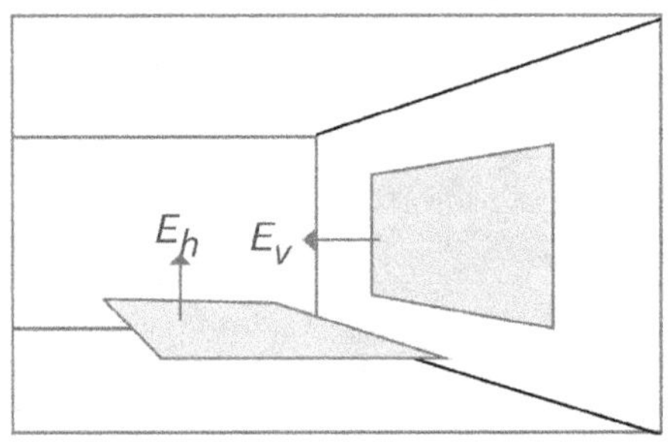

Iluminación horizontal Eh
e iluminación vertical Ev
en espacios interiores.

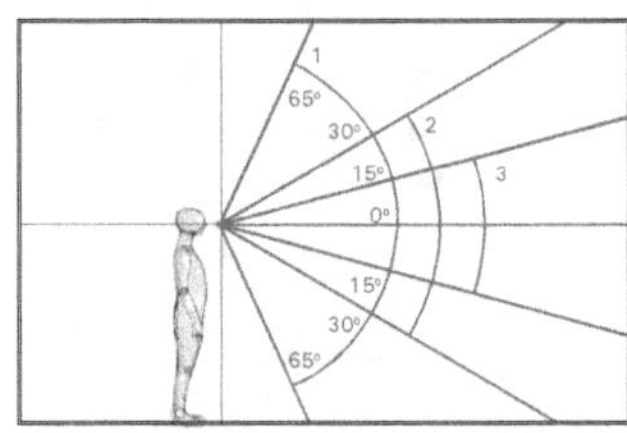

Plano vertical

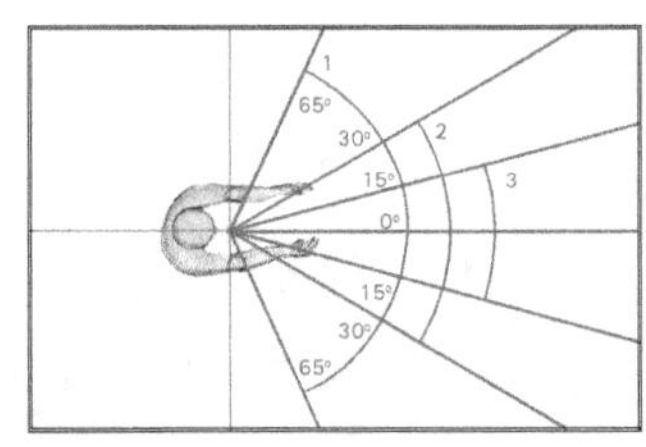

Plano horizontal

**Campo visual
horizontal**

**Campo visual
vertical**

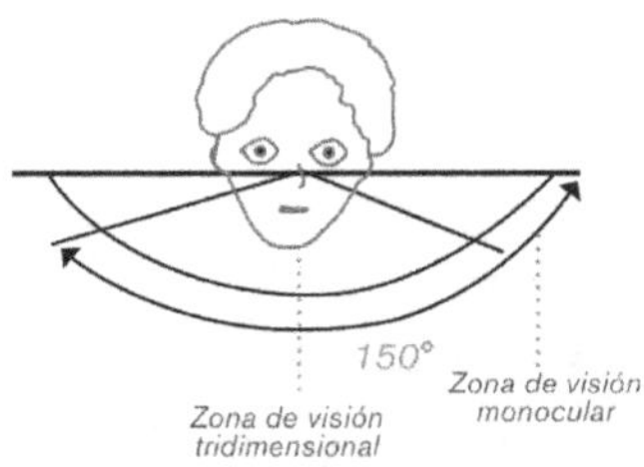

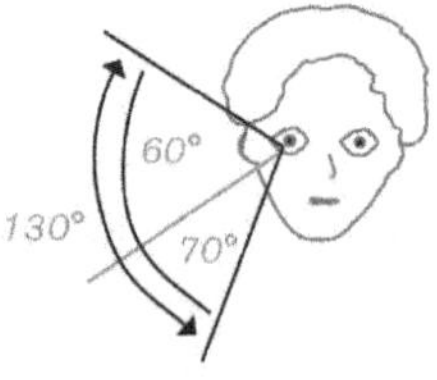

ERCO. Ganslandt y Hofmann. pag. 38

8.2. *TAREAS VISUALES*

Las tareas visuales corresponden a aquellas determinadas acciones que se realizan por medio de la visión, y por consiguiente, gracias a la iluminación. Debido a la variedad de tareas visuales en las tiendas de departamentos, es preciso tener en cuenta las exigencias de la calidad de la iluminación artificial, que dependen directamente de la planificación que se realice, y para eso es importante tener claro tres aspectos fundamentales del diseño de iluminación, supeditados a las necesidades y capacidades de los seres humanos. Estos son el rendimiento visual, ambiente visual y confort visual. De estos aspectos se desprenden algunos parámetros a considerar, como se puede apreciar mejor en el siguiente diagrama.

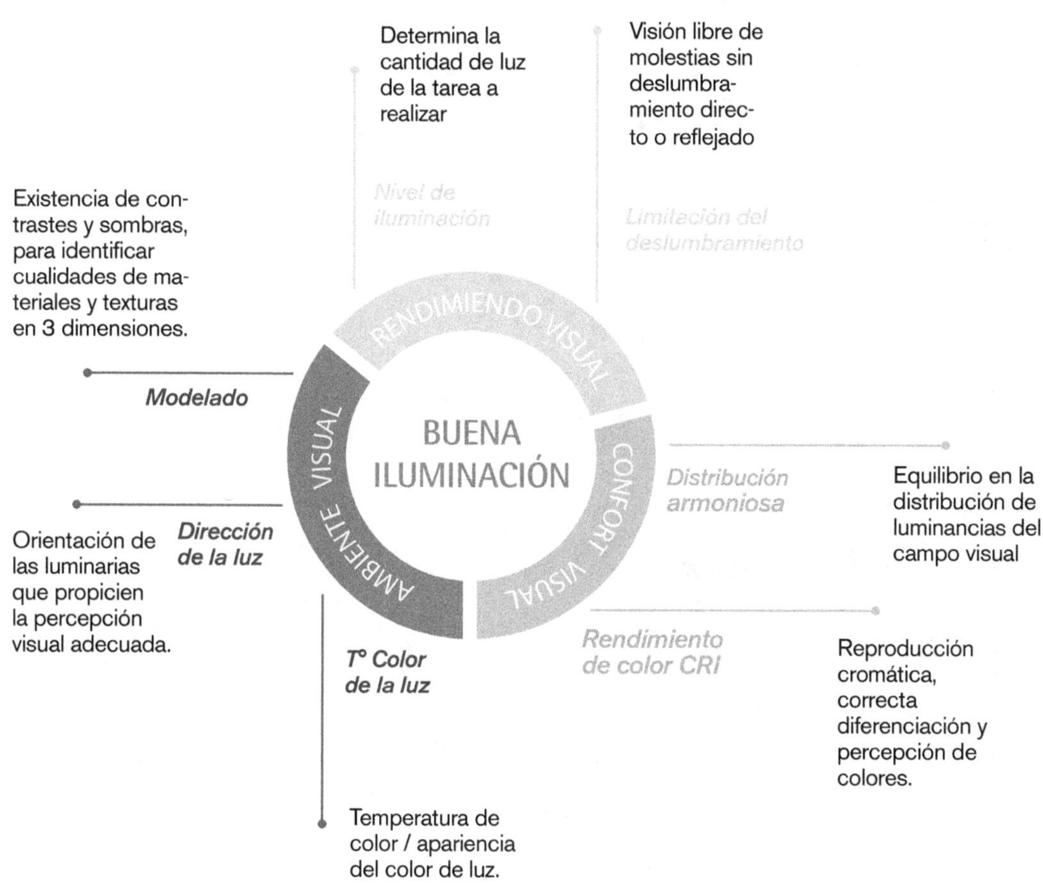

9

EFICACIA Y EFICIENCIA ENERGÉTICA

9.1. Definiciones

9.1. Definiciones

ENERGÍA

La energía es el insumo que permite desarrollar prácticamente todas las actividades del ser humano, por lo que la disponibilidad o falta de ésta repercute directamente en ámbitos económicos, sociales y medioambientales. Debido a esto, se recomienda realizar un uso consciente de la energía, de manera eficiente y evitando su desperdicio.

ELECTRICIDAD

Es una energía secundaria obtenida a partir del uso de un energético primario (gas natural, energía hidráulica, no renovables, solar, eólica, biomasa), que es utilizado para producir la energía mecánica suficiente para accionar un generador eléctrico y así producir la electricidad.

AChEE 2012

Influencia de la iluminación

El consumo eléctrico para la iluminación representa cerca del 20% del consumo eléctrico total y 6% de las emisiones de CO2 a nivel mundial. Según la Agencia Internacional de la Energía, cerca de 3% de la demanda global de petróleo es atribuida a la iluminación.

Si no se toman acciones para mejorar la eficiencia energética de este sector, el consumo global de energía para la iluminación podría aumentar en 60% para el año 2030. Para conseguir un uso racional de los recursos, el ahorro y la eficiencia energética han de jugar un papel fundamental, no sólo dentro de las políticas de gobiernos, sino también en las políticas internas de todas las organizaciones, instituciones y empresas, y, por supuesto, en los hábitos de vida cotidianos de todos los habitantes del país. Padilla, 2012

AChEE 2012
Padilla, 2012

EFICIENCIA ENERGÉTICA

La eficiencia energética se puede entender de diversas formas: es usar bien la energía, es ahorrar energía sin perder en calidad de vida o en calidad de producción y también es la optimización de la relación entre la cantidad de energía consumida y los productos y servicios finales obtenidos. En la actualidad, Chile es el único país del grupo de países de la OCDE (Organización para la Cooperación y el Desarrollo Económicos) que no cuenta con estándares mínimos de eficiencia energética. Por lo tanto, establecer una estrategia nacional en que uno de los pilares son los estándares mínimos, es importante para nivelar a Chile con el resto de los países desarrollados.

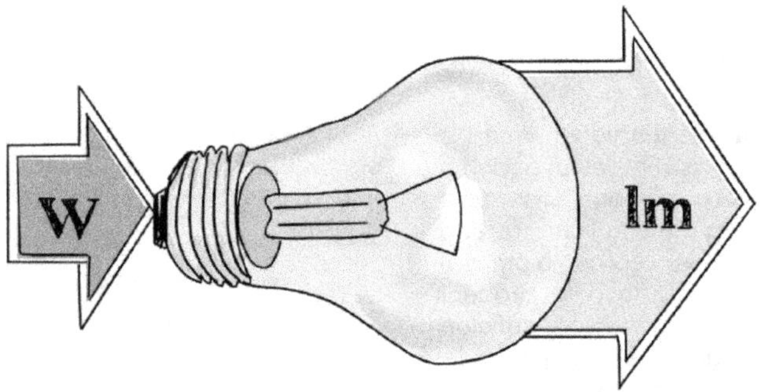

EFICACIA

La eficacia luminosa describe el grado de acción de una fuente de luz. Se expresa mediante la relación del flujo luminoso dado en lumen y la potencia consumida en Watts. Mientras más luz y menos consumo en Watts, una fuente es más eficaz.

$$\text{Eficacia luminosa (lm/W)} = \frac{\text{Flujo luminoso (lm)}}{\text{Potencia eléctrica (W)}}$$

Ministerio de Energía. (2013)
Diagrama realizado en base a Anfalum 2004. Pag. 80

10
APLICACIONES Y RECOMEMDACIONES EN DISTINTOS ESPACIOS

10.1. Salas de clase

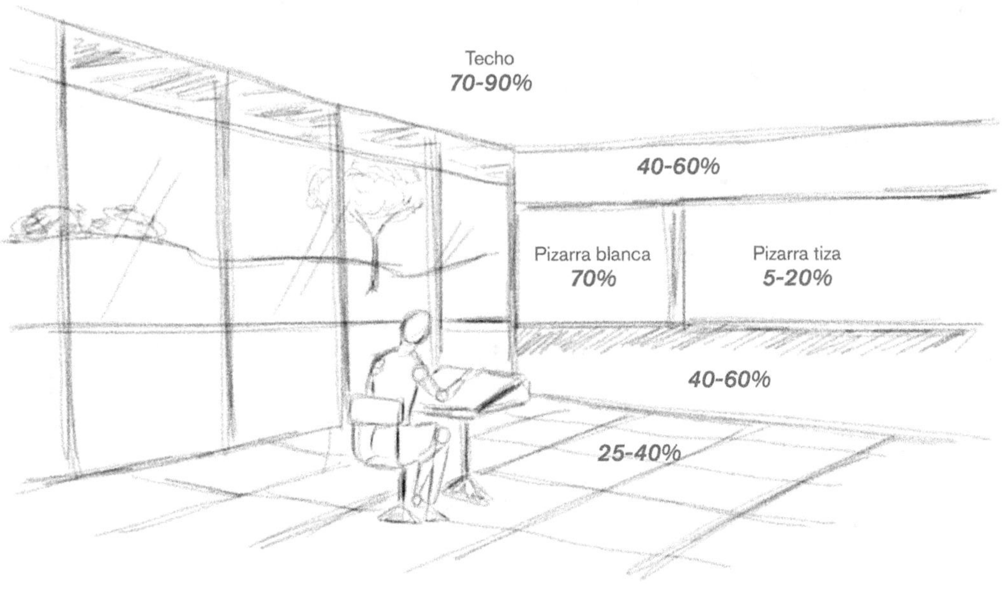

Reflectancia

*Rangos de reflectancia recomendadas para
superficies típicas y muebles en el aula*

Los techos deben tener una reflectancia lo más alta posible, para asegurar una buena utilización de la luz y llevar la luminancia del techo lo más cerca posible al de la luminaria. Los techos deberán tener un acabado no brillante o mate. Las pinturas blancas tienen hasta un 90% de reflectancia. Las paredes deben tener reflectancias entre
el 40 y el 60%, ya que menos generará una reflexión ineficiente. Del 40 al 60% permite una amplia elección de colores agradables. Cuando las ventanas están ubicados en una sola pared, ésta recibe luz de día directa y forma un alto contraste con la vista a través de la ventana. Por esta razón, la pared de la ventana debe ser terminada con reflectancia en el extremo superior de la gama.

Para utilizar mejor luz indirecta, el acabado del techo puede continuar por las paredes hasta el nivel de luminarias suspendidas indirectas, lo que aumenta la iluminancia en el plano de trabajo hasta en un 10%. Los suelos se convierten en un fondo secundario para tareas visuales realizadas en una posición cabeza abajo en los escritorios. Por esta razón, deben ser prácticos. Se recomiendan pinturas o alfombras con acabados de color claro.

Dibujos realizados en base a IESNA 2.000. pag. 18

Campo visual y ubicación del mobiliario

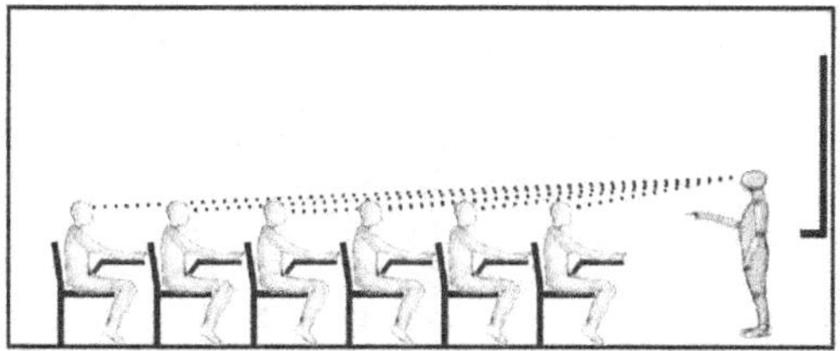

En una sala con un suelo plano se reduce el campo visual del profesor y de los alumnos hacia éste y la pizarra.

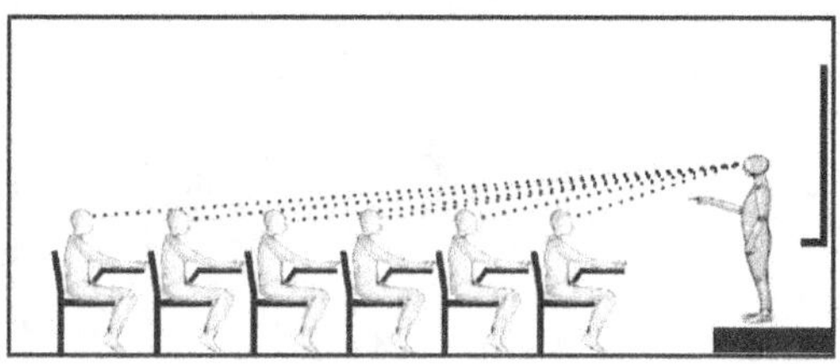

El campo visual del profesor en una sala se puede mejorar si éste se ubica sobre una tarima.

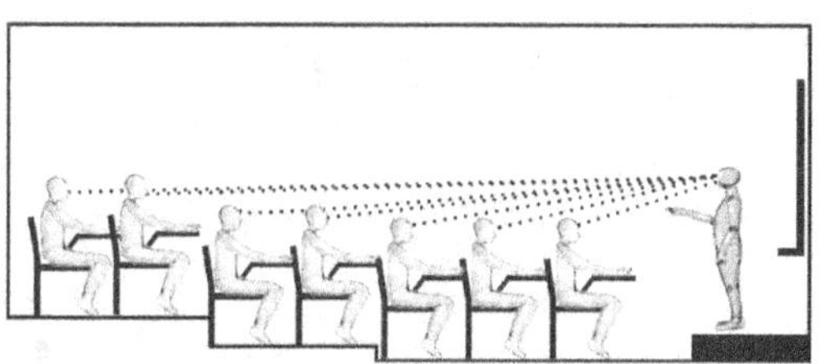

Lo ideal es que la infraestructura de la sala de clases tenga además escalones para ubicar los alumnos, de esta forma el campo visual del profesor y alumnos es óptimo.

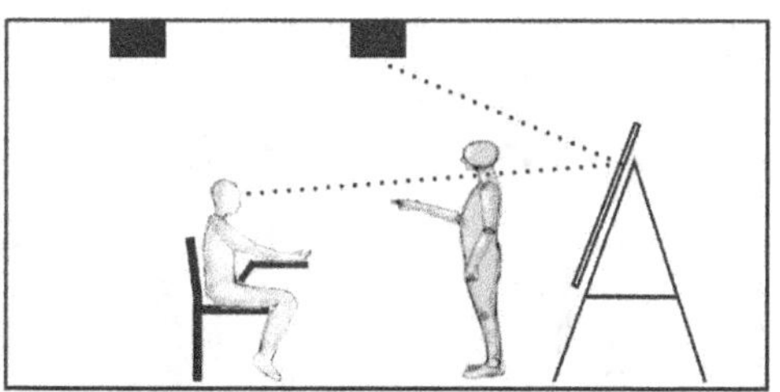

La superficie de una pantalla de caballete montada ligeramente inclinada hacia atrás de la línea de los espectadores, aumenta significativamente el potencial de reflejos directos de luminarias generales.

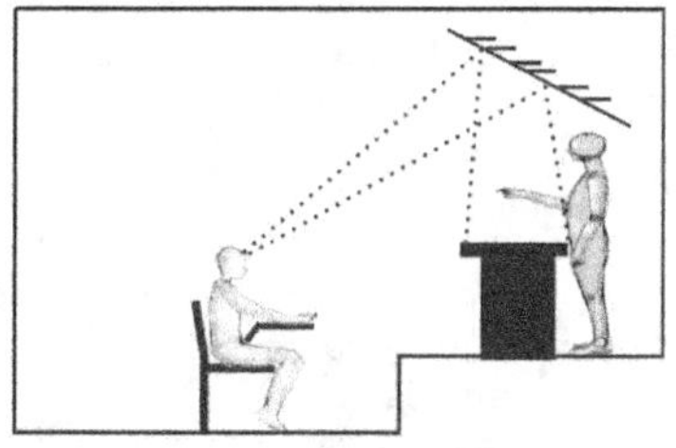

En una sala de ciencias, un espejo en ángulo por encima de la cabeza del profesor permite a los estudiantes ver la superficie del banco de demostración.

Dibujos realizados en base a IESNA pag. 3 y 4
Campo visual y ubicación del mobiliario

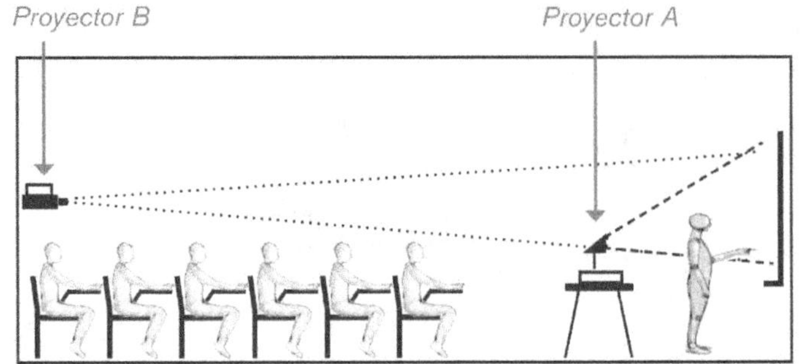

La distorsión de la imagen ocurre cuando un proyector se utiliza a una corta distancia de proyección (A) cerca de la parte delantera de una sala de conferencias . Un proyector de diapositivas (B) montadas en la parte trasera de la sala proporcionará una imagen sin distorsiones.

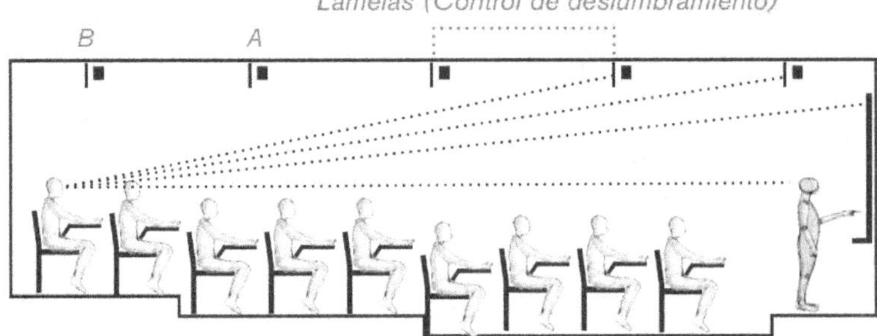

Las luminarias A y B están muy cerca de las líneas de visión de los estudiantes en las filas de atrás de esta sala de conferencias, lo que provoca un deslumbramiento intolerable.

La barra anti deslumbramiento colocada detrás de las luminarias en esta sala de conferencias puede superar el problema de deslumbramiento de la última fila.

10.2. Auditorios

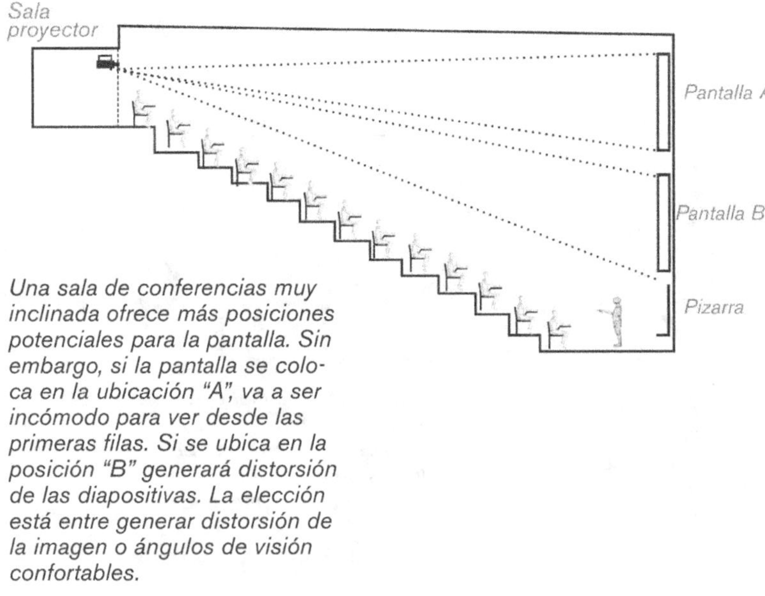

Una sala de conferencias muy inclinada ofrece más posiciones potenciales para la pantalla. Sin embargo, si la pantalla se coloca en la ubicación "A", va a ser incómodo para ver desde las primeras filas. Si se ubica en la posición "B" generará distorsión de las diapositivas. La elección está entre generar distorsión de la imagen o ángulos de visión confortables.

Dibujos realizados en base a IESNA pag. 3 y 5

108

10.3. Museos y galerías de arte

Ubicación luminarias y observador

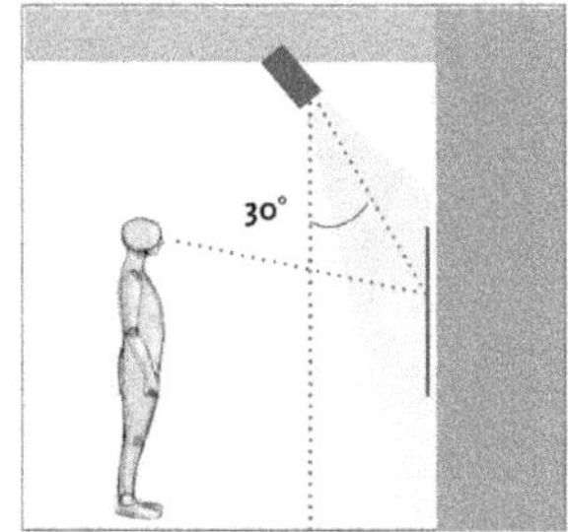

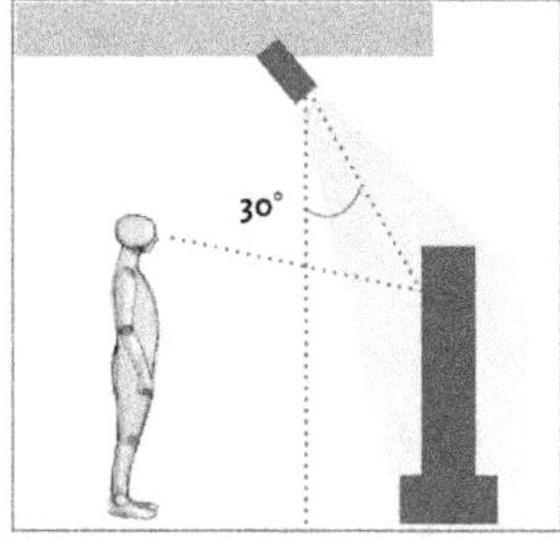

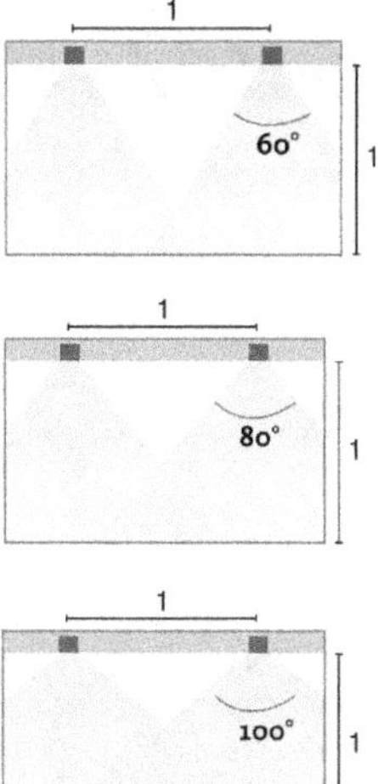

En la iluminación de cuadros y esculturas, el ángulo óptimo de incidencia es de 30°.

Sobreposición de conos de luz (ángulo de irradiación 60°, 80° y 100°) sobre el nivel de referencia en una relación altura-distancia de 1:1.

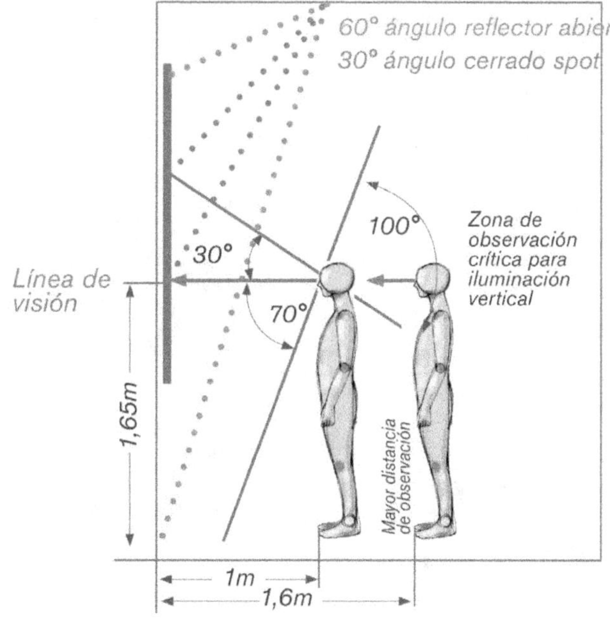

Cálculo de la ubicación óptima de una luminaria para las imágenes en una pared: la altura de la sala, la zona de observación, el tamaño de la imagen y el ángulo de visión óptimo son los parámetros que definen la posición óptima de una luminaria de pared. El borde superior de la imagen determina el punto de mira del ángulo de apertura (B: 30°; C: 60°) con un ángulo constante de inclinación de 30°. Los ángulos de menos de 30° pueden resultar en reflexiones en el borde superior de la imagen (zona de observación crítica).

Lichtwissen 18. Light Museums galleries. pag. 6

Arriba: Dibujos realizados en base a ERCO. Ganslandt y Hofmann. pag. 148
Abajo: Dibujos realizados en base a Fördergemeinschaft Gutes Licht pag. 6

10.4. Oficinas

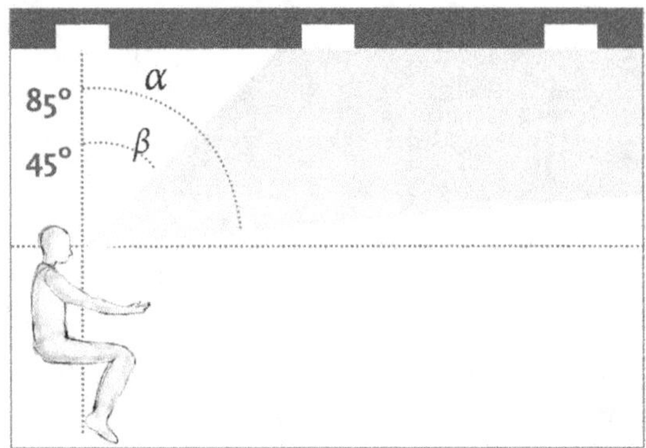

La luminancia de la fuente de luz debe ser menor a la luminancia límite para la calidad pretendida. El ángulo de apantallamiento mínimo de luminarias debe estar entre los 45° y los 85°sobre la horizontal.

Para la limitación del deslumbramiento en puestos de trabajo con pantalla, se recomienda un ángulo mínimo de apantallamiento de 30°.

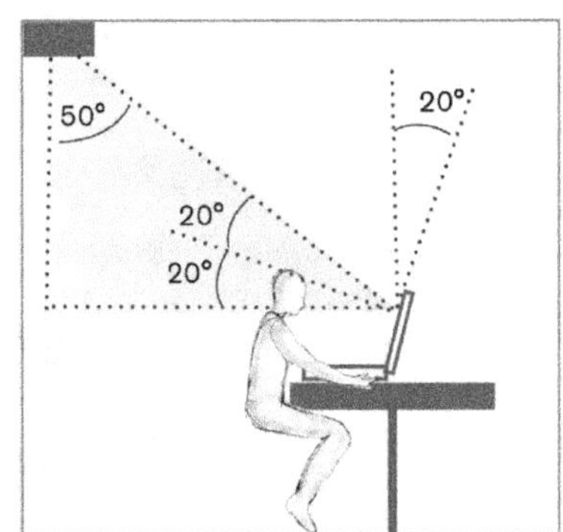

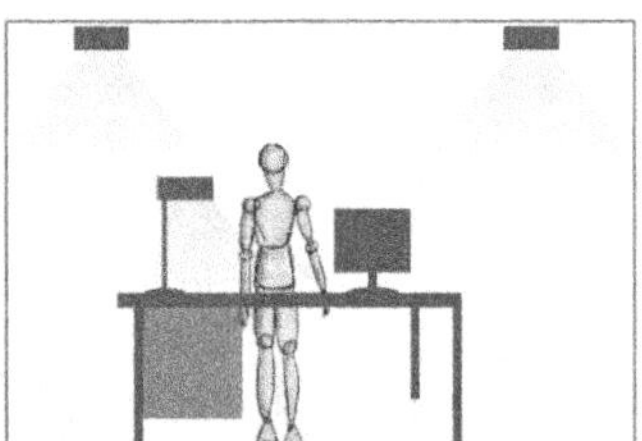

Además de los requisitos nominales de la luminosidad, el diseñador de iluminación tiene que tener en cuenta dos criterios especiales al crear la iluminación de oficinas: limitación del deslumbramiento directo y limitaciones de los reflejos en las pantallas de computador. Para esto se muestran algunos ejemplos de ubicación de las luminarias, en relación a la ergonomía que se requiere para esta actividad.

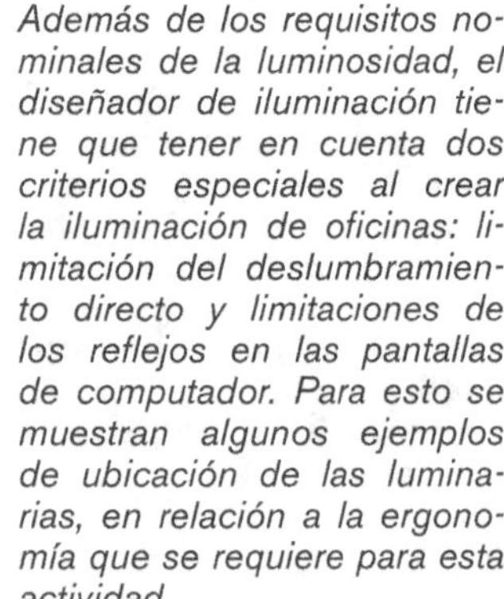

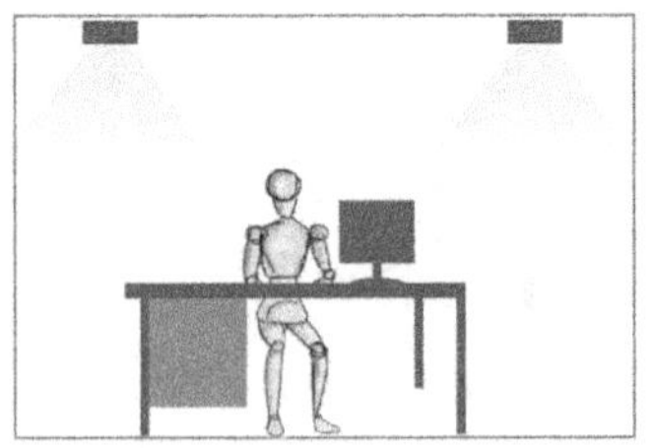

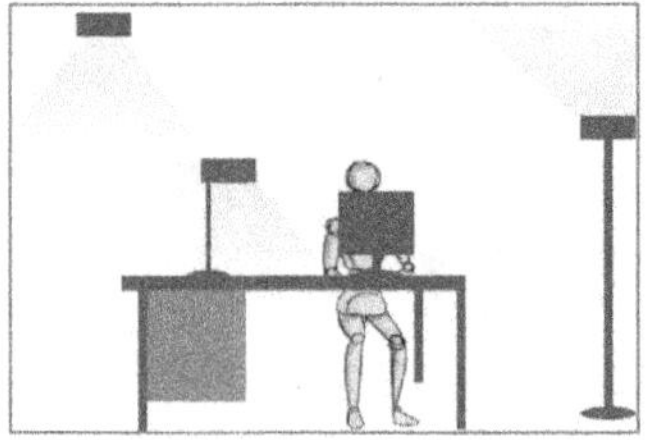

Dibujos realizados en base a ERCO. Ganslandt y Hofmann. pag. 38 y 80

10.5. Retail

Reproducción cromática y tiendas de departamentos

Existen ciertas normativas sobre la reproducción cromática mínima que requiere cada área, basadas principalmente en la necesidad de permitir al usuario una percepción lo más objetiva posible sobre los colores a los que se enfrenta en cada tarea visual.

Zona	CRI
Zonas de circulación como pasillos, garage, escaleras, etc.	70 - 60
Zonas de almacenamiento, áreas de carga, bodegas, etc.	80 - 70
Oficinas: archivos, áreas de circulación, puestos de trabajo de actividades de lectura.	80
Áreas comerciales, exhibiciones, mesas de empaquetado, cajas registradoras, boutiques, iluminación general de grandes superficies.	80 - 90 (donde se requiera resaltar atributos de la mercancía).

Temperatura de color recomendada por zona

835: Primer dígito: CRI (sobre 80)
Segundo y tercer dígito: Temp. color (3.500 °K)

	Luz Blanca cálida		Luz blanca Neutro		Luz día fría	
ÁREAS COMERCIALES	835	930	840	940	850	865
Almacenes			●			
Textiles y cueros	○	●	○	○		
Muebles y tapetes	●	○	○	○		
Deportes, juegos, papelería	○		●			
Cosméticos y salas de belleza	○	●	○	○		
OFICINAS						
Áreas de oficinas	○		●			
Vestíbulos y corredores	○		●			

● *Recomendación ideal*
○ *También apropiado*

Recuperado de Philips, 2013

10.6. Exhibiciones en general

Técnicas básicas para iluminar objetos

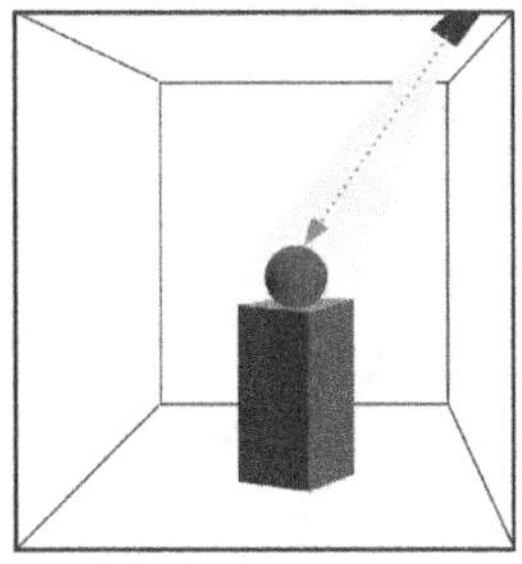

**LUZ DE ACENTO
SUPERIOR DERECHA**
La fuente principal de iluminación direccional que recae sobre un sujeto o área, creando acentuación a través de mucho brillo y sombras profundas.

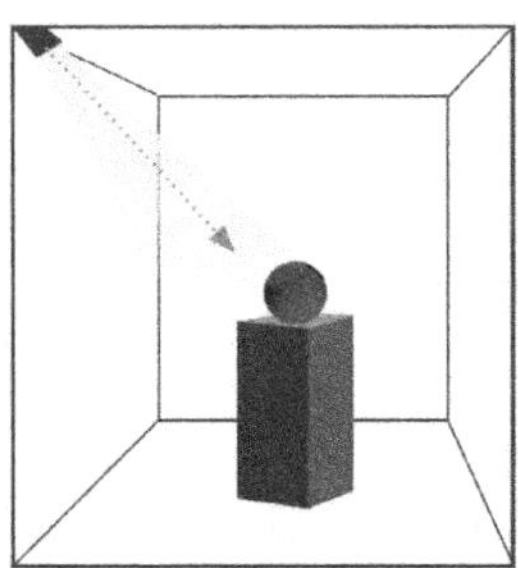

**LUZ DE ACENTO
COMPLEMENTARIA
SUPERIOR IZQUIERDA**
Iluminación complementaria utilizada para suavizar sombras y establecer contrastes en el nivel deseado.

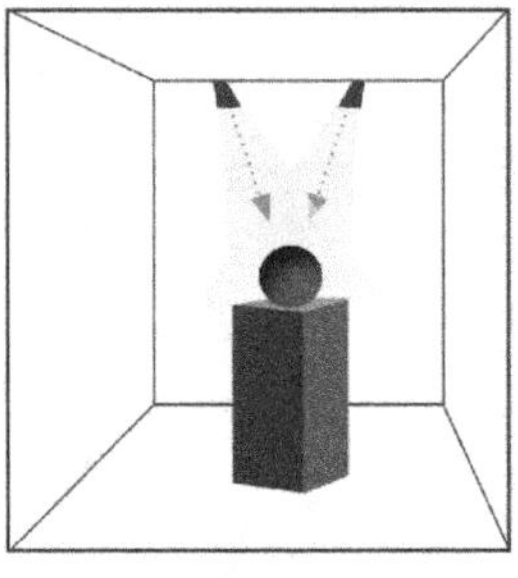

**LUZ DESDE ATRÁS /
ARRIBA**
Iluminación desde atrás (y generalmente desde arriba), utilizada para separar al objeto del fondo acentuando los contornos, revelando así los elementos transparentes.

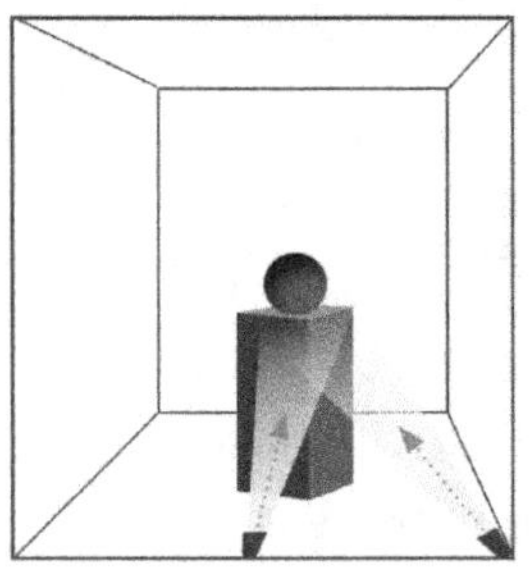

**LUZ HACIA ARRIBA /
(UPLIGHT)**
Fuente que acentúa los elementos cercanos al piso. También se puede utilizar para efectos dramáticos.

Dibujos realizados en base a Philips (1995) pag. 239

Vitrinas y exhibiciones tras cristales

En las vitrinas debe destacarse el producto expuesto, y los medios de decoración deberán servir como punto de atracción para conducir al producto. La atracción de una vitrina se incrementa con el aumento de iluminación. La mejor manera de destacar productos de vidrio o cristales es cuando se encuentran en un fondo claro. La densidad luminosa del fondo debe ser de aproximadamente 0,1 a 0,15 cd/cm².

Joyas:

Para joyas y objetos brillantes se recomiendan fuentes de luz pequeñas, con un haz muy acentuado, para así generar mejores contrastes y resaltar el producto. El cielo y paredes deben mantenerse lo más oscuras posibles.

Metales:

Se recomiendan fuentes de haz ancho, con reflector blanco y difuso. Objetos como plásticos, anteojos, binoculares, etc; pueden presentarse muy bien ante fondos oscuros.

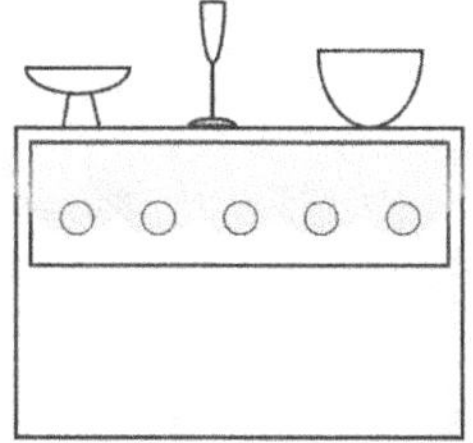

Iluminación de estante de vidrio desde abajo. En este caso el fondo debe mantenerse lo más oscuro posible, para resaltar los elementos que se disponen sobre la mesa.

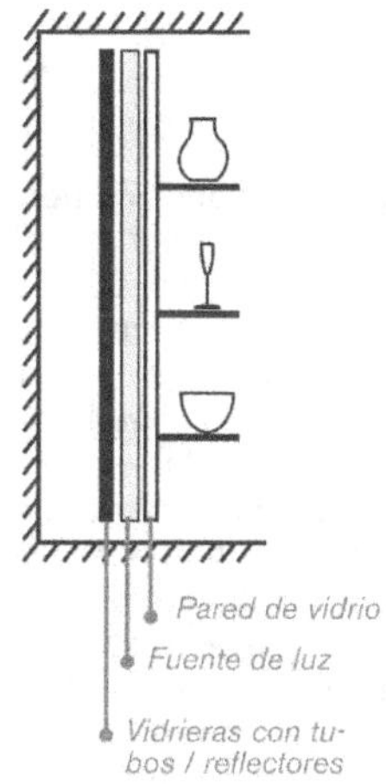

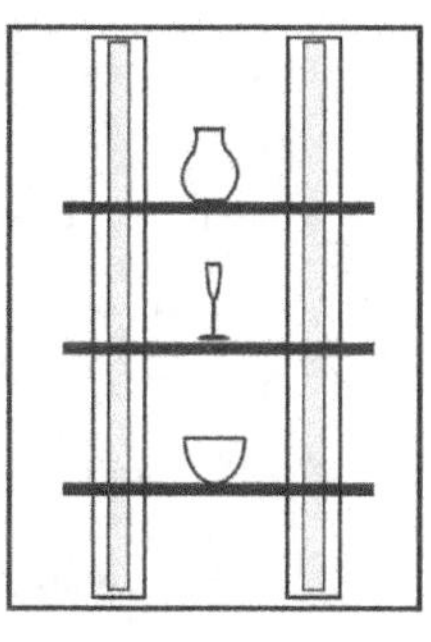

Un fondo claro puede lograrse a través de la iluminación indirecta desde la parte posterior de los estantes. Se muestra a la izquierda una vista lateral y a la derecha una vista frontal.

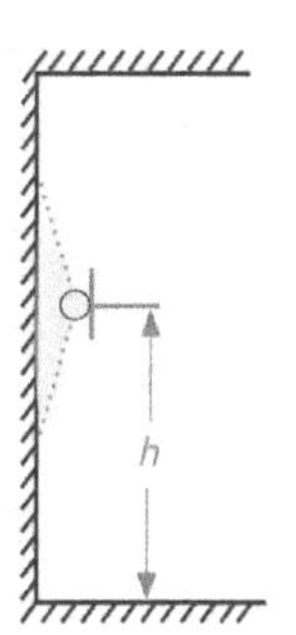

Equipo de pared con pantalla. H= 1,5...1,7m.

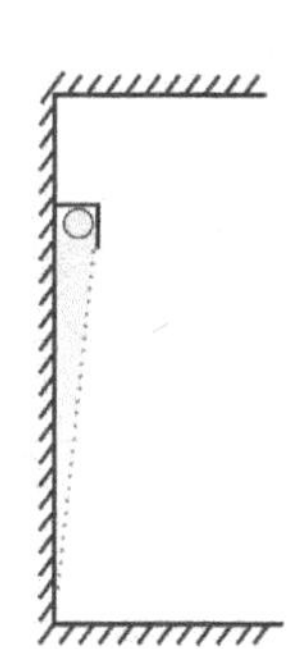

Equipo de pared con reflector reticulado espejado.

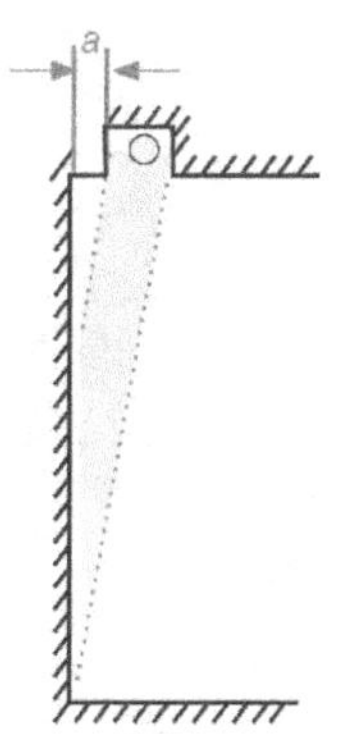

Equipo de pared empotrado en el cielo raso. a = 15 cms.

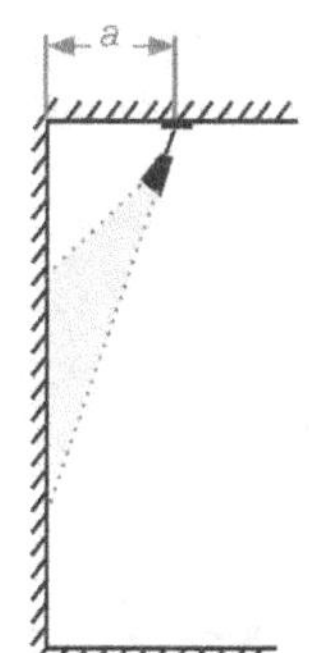

Equipo sobrepuesto a ≥ 15 cms.

Dibujos realizados en base a Guaspari. pag. 10

Control del deslumbramiento en vitrinas que dan a la calle

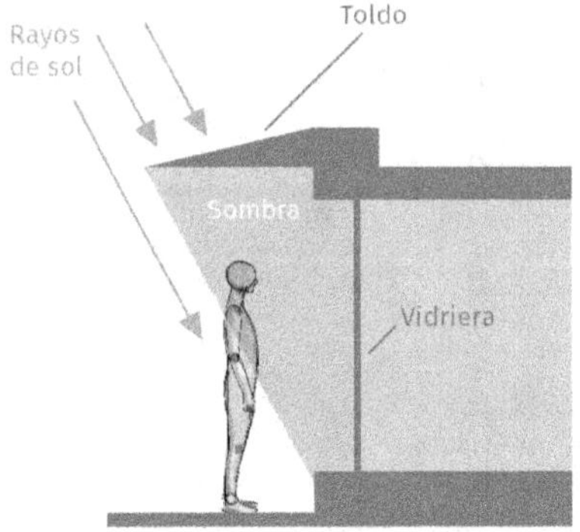

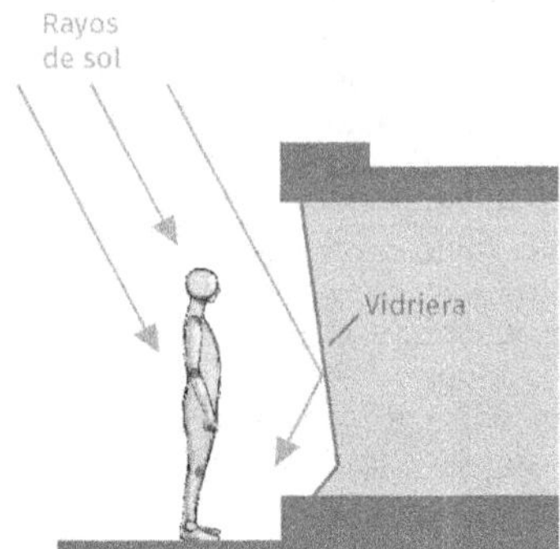

Vitrinas bien iluminadas, específicamente de tiendas que den a la calle, pueden llamar la atención de los transeúntes, aumentando el transito por el frotis de la tienda. Durante el día se produce una situación de gran cantidad de luz, que incide en las vitrinas; esto provoca reflejos en los vidrios, en donde la visibilidad de los productos en exhibición disminuye. Para poder apreciar la exhibición de la vitrina , los niveles de iluminación artificial de ellas debieran ser superiores a los del exterior, de tal modo que las imágenes reflejadas tengan menor brillo.

Las imágenes reflejadas que se producen se pueden controlar mediante la instalación de un toldo por sobre el vidrio. Otra manera de controlar los reflejos, sería por medio de la inclinación del vidrio de la vitrina, para que el reflejo incida por debajo de la línea de visión.

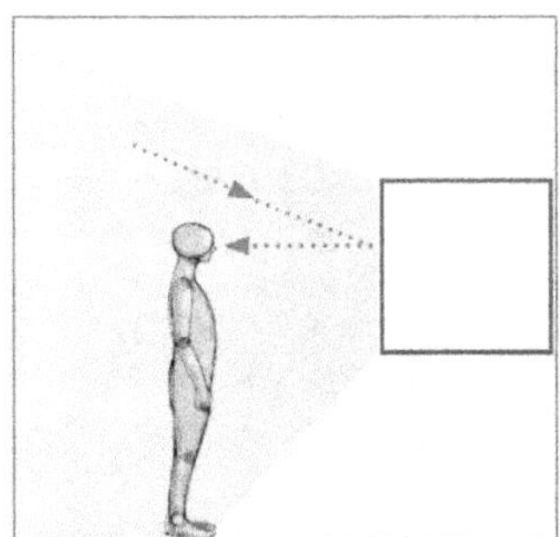

Es posible determinar geométricamente las zonas críticas para la limitación del deslumbramiento producido por luminarias o ventanas. Se puede determinar cuáles son las superficies de cielo y pared en las que se genera deslumbramiento por reflejo, a partir de la reflexión de los rayos visuales.

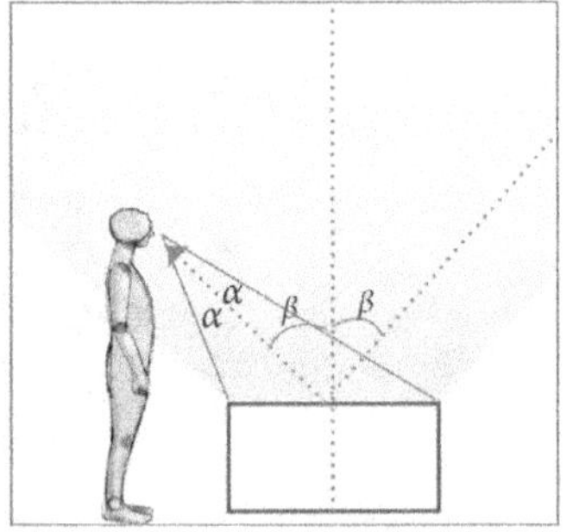

Para tareas visuales horizontales con superficies brillantes, son críticas las luminarias en la zona del cielo (techo) delante del observador, ya que pueden causar deslumbramiento por reflejo.

Arriba: Dibujos realizados en base a Guaspari. pag. 8
Abajo: Dibujos realizados en base a ERCO. Ganslandt y Hofmann. pag. 148

Encandilamiento por vitrinas

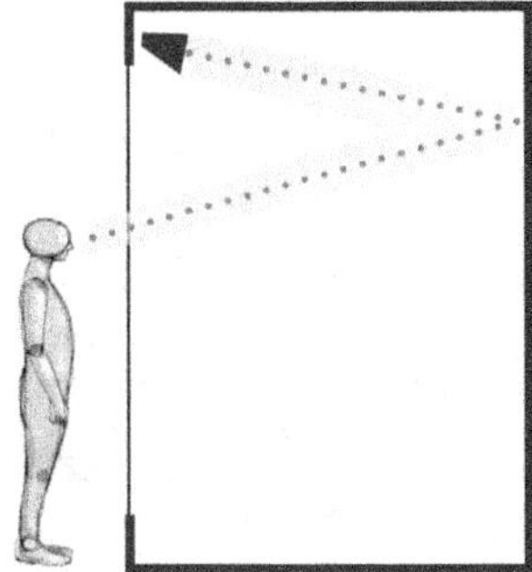

El encandilamiento por reflejo puede evitarse si se tiene en cuenta la dirección de la caída de la luz. Es importante considerar una reducción de la densidad luminosa de las lámparas y vidrios que dispersen la luz a través de fondos con reflejos difusos y débiles.

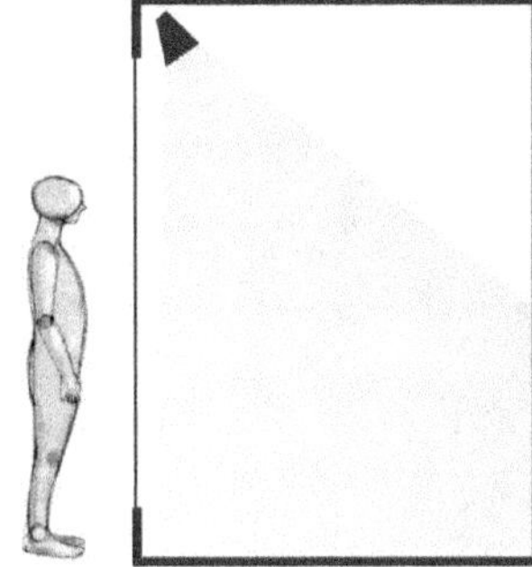

Protección del encandilamiento a través de la disposición de la luminaria y dirección del artefacto.

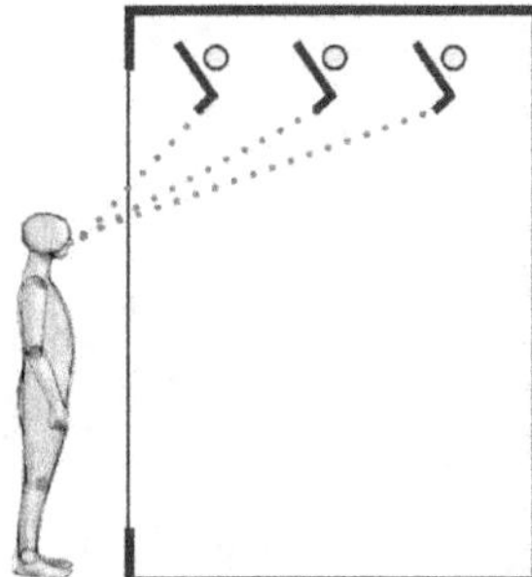

Apantallado contra encandilamiento directo, permitido por reflectores ubicados diagonalmente

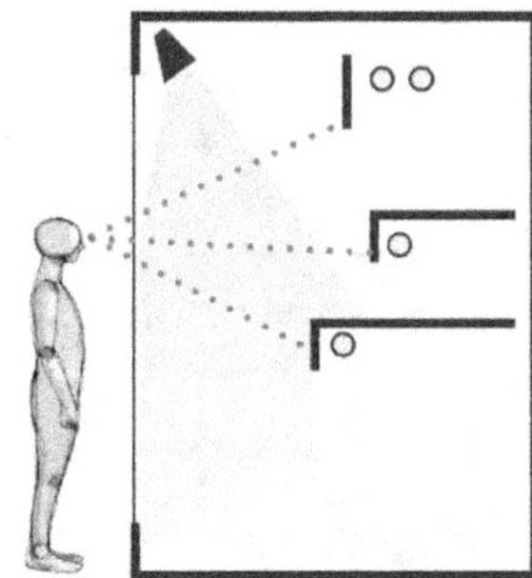

Se muestran distintas posibilidades del apantallado, para impedir el deslumbramiento directo.

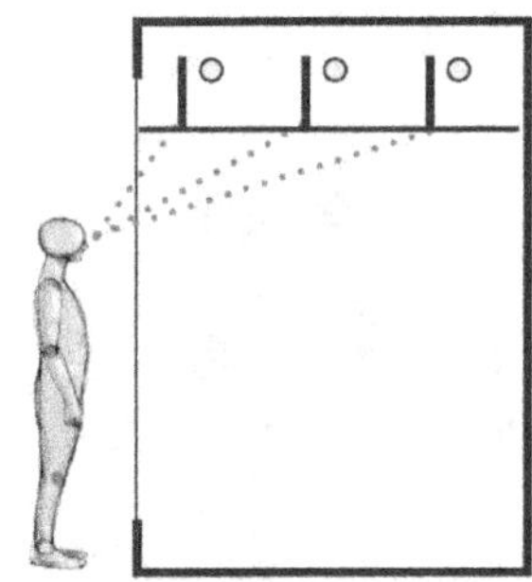

Apantallado de los artefactos en el empotrado del cielo raso, a través de protecciones adicionales.

Dibujos realizados en base a Guaspari. pag. 14

Recomendaciones para vitrinas de vidrio

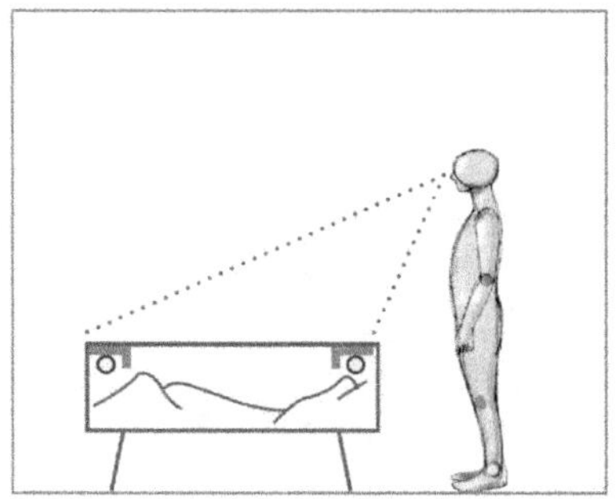

*Vitrina baja con tubos fluorescentes
o cinta LED apantallados*

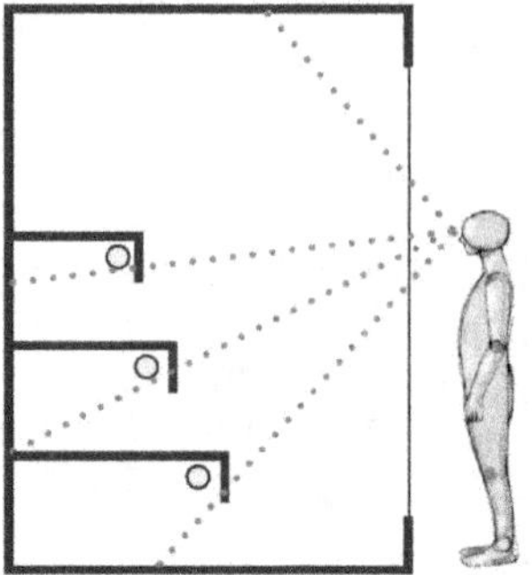

*Iluminación de estantes
sin deslumbramiento*

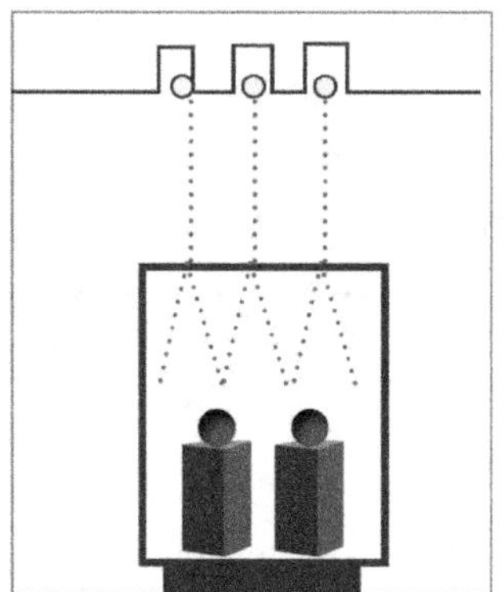

Vitrina libre con techo de vidrio

*Vitrina con cubierta de cielo
con rejilla, adecuado para objetos bajos (papelería, diarios,
entre otros)*

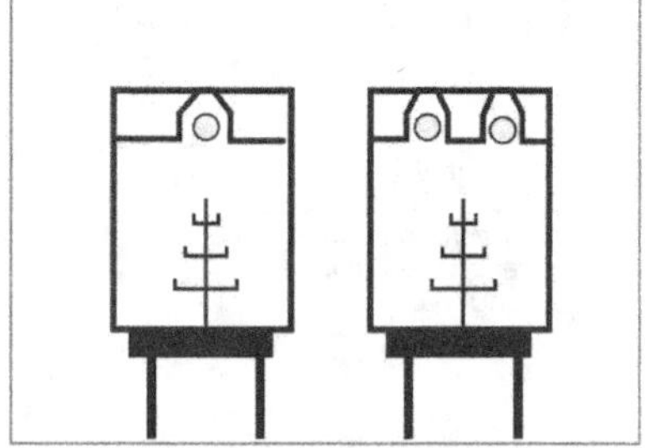

*Vitrina con una o dos filas de lámparas
reflectoras, especialmente adecuado
para textiles.*

Dibujos realizados en base a Guaspari. pag. 12

10.7. Eventos deportivos

Disposición y montaje en estadios de fútbol

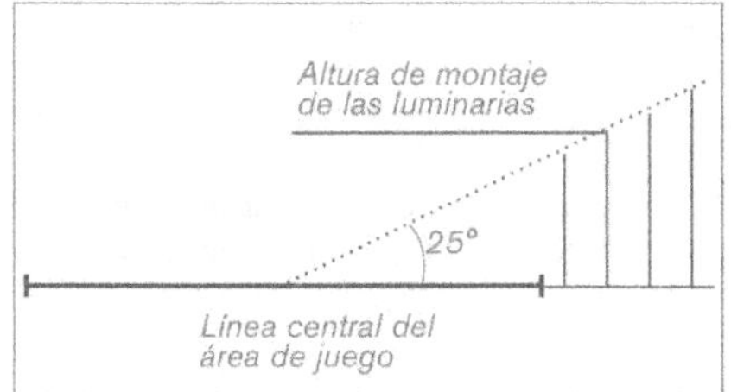

Para aplicaciones de tipo recreativo, los proyectores deben estar montados a una altura mínima de 15 metros, mientras que para aplicaciones de tipo competición amateur la altura mínima es de 18 metros.

Disposición lateral:
Con esta disposición los proyectores se montan en grupos o líneas sobre o debajo del techo de las tribunas, y paralelos a las líneas laterales. Nuevamente, véase las paredes libres de luminarias.

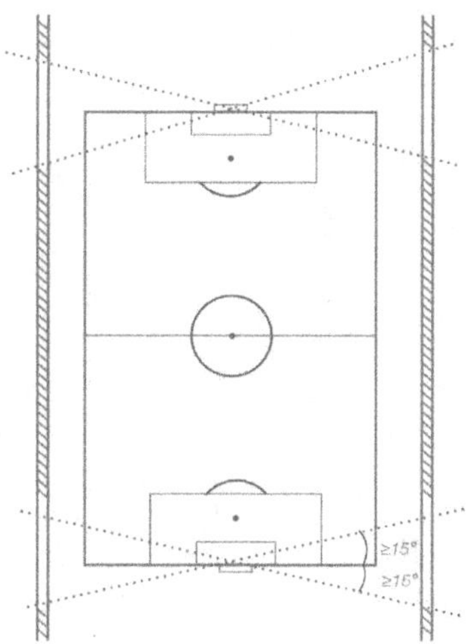

Disposición de 4 esquinas:
Los proyectores se montan en 4 colum- nas o mástiles situados detrás de las esquinas de la cancha. Para evitar un deslumbramiento molesto en la dirección de los arcos, y para proporcionar las iluminancias verticales necesarias para las cámaras, las columnas deben estar ubicadas dentro del área indicada.

Recuperado de Philips (1995) pag. 378-380.

Disposición y montaje en Áreas Multipropósito Interior

En la mayoría de los complejos deportivos se practican diferentes deportes, por lo que resulta complicado realizar un diseño estándar que cumpla con todos los requerimientos de cada uno. Sin embargo, existen recomendaciones que permiten practicar los deportes de manera óptima, como se ven en los siguientes esquemas.

Algunos tips:
1. Para evitar el deslumbramiento y la pérdida de contraste, no debe haber zonas translúcidas en el techo que permitan el ingreso de luz de día. Las ventanas laterales deben estar ubicadas en los extremos de las área de juego.
2. Las luminarias o proyectores no deben estar ubicados directamente sobre el área de juego.
3. Para la selección de las luminarias no solo se debe considerar la distribución de luz y rendimiento, sino también aspectos como resistencia al impacto y grados de protección IP.

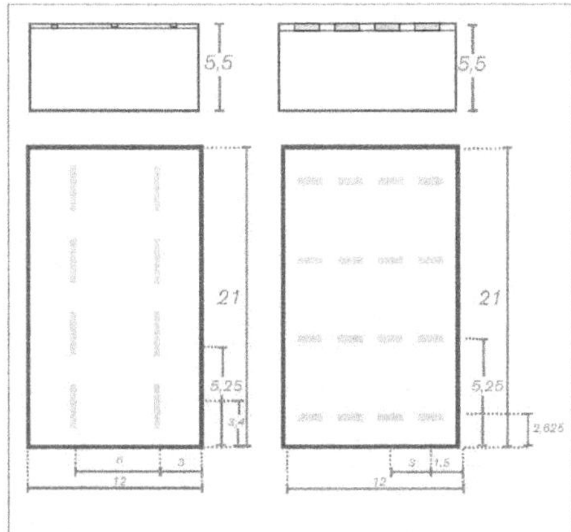

En el recuadro se muestran dos soluciones para cielorraso entre 5,5 a 7 metros de alto, donde las luminarias están dispuestas de forma cenital, y se caracterizan por tener una iluminancia general uniforme. Suele emplearse para deportes recreativos o amateur.

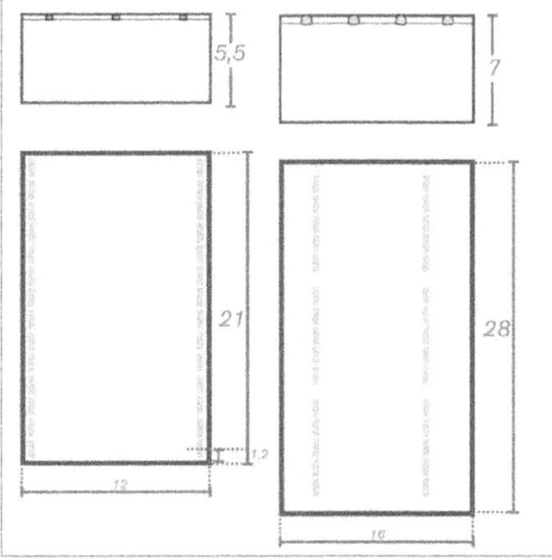

Se recomienda esta disposición para arenas deportivas. Cuando un gimnasio no es muy alto se puede iluminar con fluorescentes asimétricas (o LEDs), dispuestas como hileras cenitales.

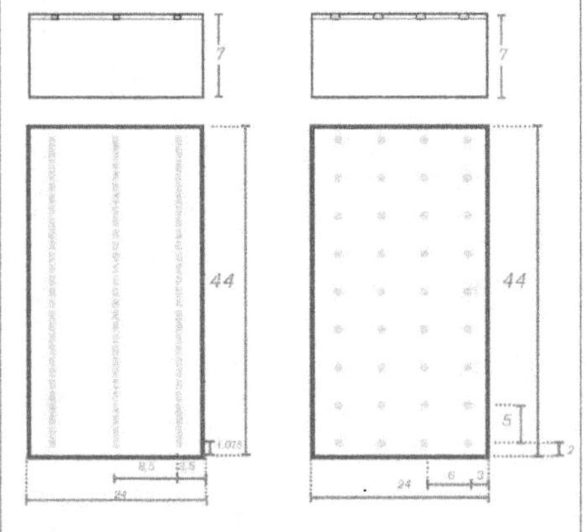

En el esquema de la izquierda se muestra una iluminación para complejos de arena, donde se utilizan luminarias tubulares en disposición longitudinal cenital, y a la derecha lámparas de descarga de alta intensidad (o símil en LED).

Recuperado de Philips (1995) pag. 381-384.

11 NORMATIVAS

11.1. Sistemas de montaje

Luminarias sección transversal	Descripción	Elementos de control de luz	Superficie o suspendida	Diagrama de distribución fotométrica
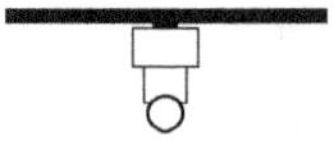		Ninguna		
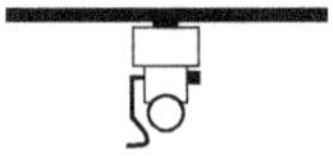		Reflector de una sola cara		
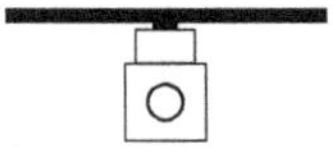		Difusor envolvente (wrap-around)		
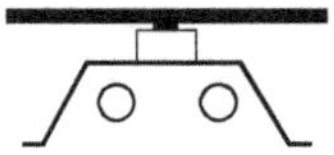		Reflector "a través"		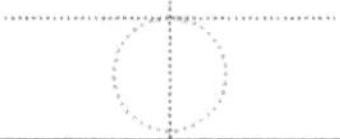
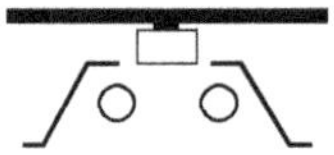		Reflector "a través" ranurado		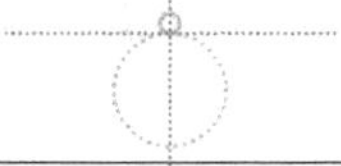
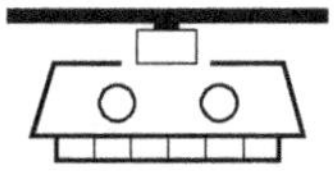	Luminarias	Reflector "a través" ranurado (con lumbrera cuadrada)	Superficie o suspendida	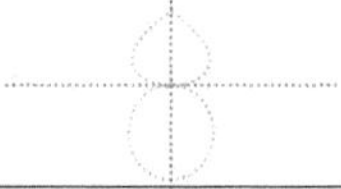
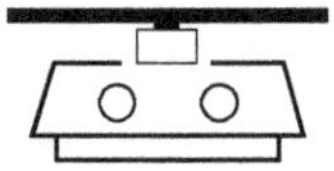		Reflector "a través" ranurado (con lumbrera de laminillas)		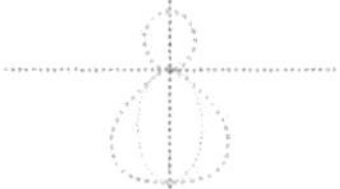
		Reflexiones especulares con blindaje de lamas		
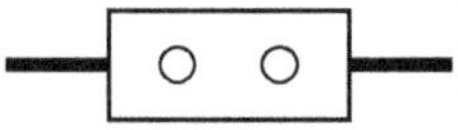		Panel difusor prismático		
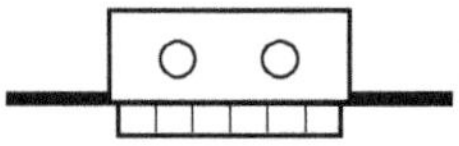		Celosía de malla cuadrada		
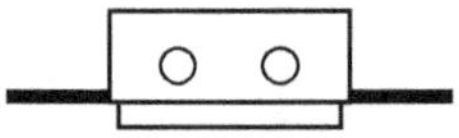		Lamas transversales		
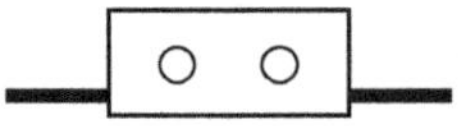		Panel difusor	Superficie o semi empotrada	
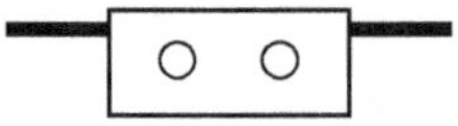		Panel difusor envolvente	Solo superficie	

Fuente: Manual de iluminación Philips. pag 160.

11.2. Índice de protección IP

1° cicfra: Protección contra la penetración de cuerpos sólidos	
0	No protegida
1	Protegido contra los cuerpos sólidos de más de 50 mm.
2	Protegido contra los cuerpos sólidos de más de 12 mm.
3	Protegido contra los cuerpos sólidos de más de 2,5 mm.
4	Protegido contra los cuerpos sólidos de más de 1 mm.
5	Protegido contra la penetración del polvo.
6	Totalmente estanco al polvo.

2° cicfra: Protección contra la penetración de agua	
1	Protegido contra caída vertical de gotas de agua.
2	Protegido contra caída de gotas de agua con una inclinación máxima de 15°.
3	Protegido contra la lluvia fina (pulvorizada).
4	Protegida contra las proyecciones de agua
5	Protegida contra fuertes chorros de agua.
6	Protegida contra fuertes chorros de agua o contra la más gruesa.
7	Protegida contra los efectos de la inmersión.
8	Protegida contra la inmersión prolongada.

Fuente: La Buena Iluminación: Actividades industriales y artesanales. ANFALUM. Aenor ediciones, pag 64

11.3. Índice IK

Grados de protección contra los impactos mecánicos

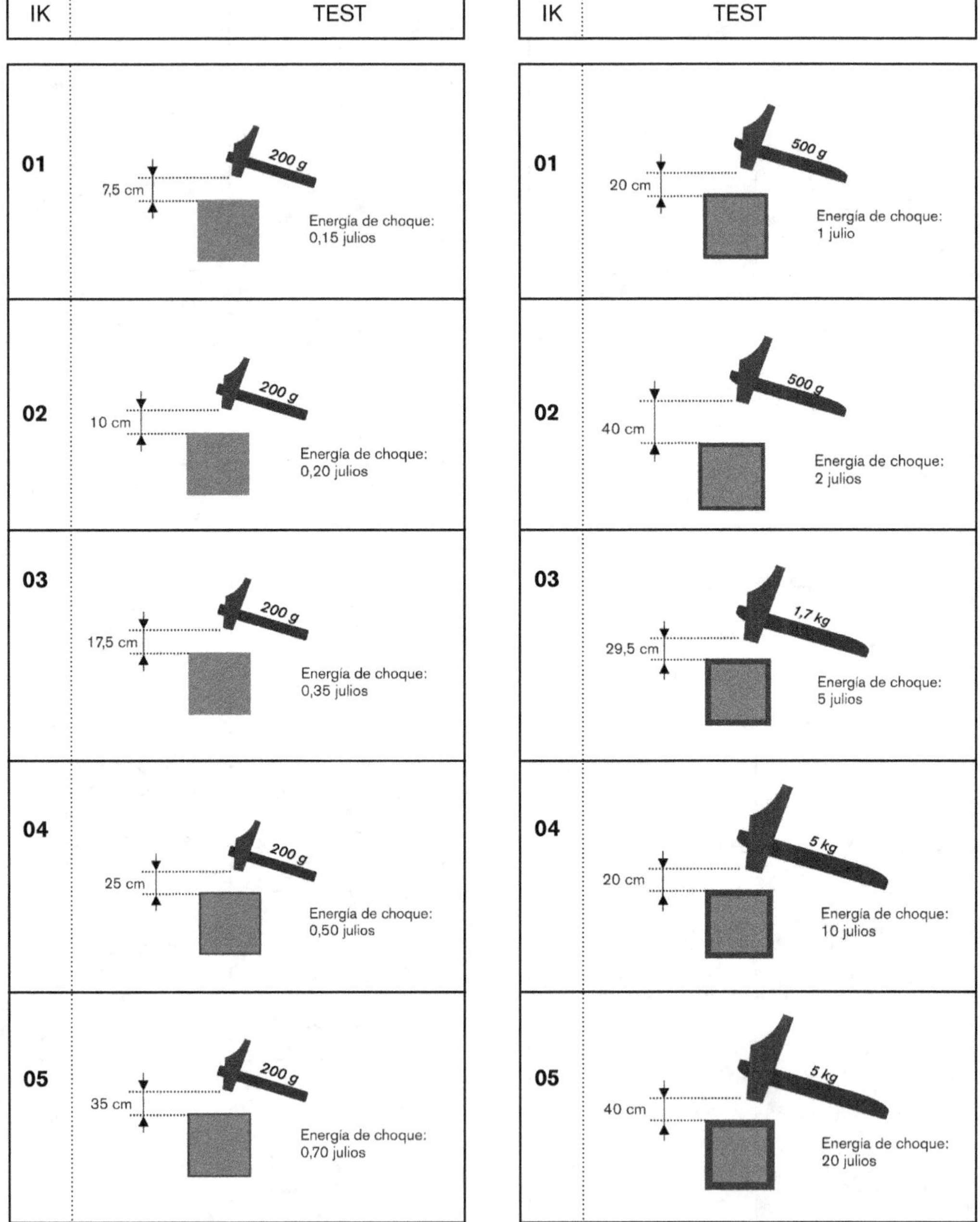

11.4. Tablas NCH Elec. 4/2003

Tipo de local	*Iluminancia (Lux)*
Auditorios	300
Bancos	500
Bodegas	150
Bibliotecas públicas	400
Casinos, Restoranes, Cocina	300
Comedores	150
Fábricas en general	300
Imprentas	500
Laboratorios	500
Laboratorios de instrumentación	700
Naves de máquinas herramientas	300
Oficinas en general	400
Pasillos	50
Salas de trabajo con ilum. en cada punto	150
Salas de dibujo personal	500
Salas de tableros eléctricos	300
Subestaciones	300
Salas de venta	300
Talleres de servicio, reparaciones	200
Vestuarios industrialers	100

Tabla 11.24
Iluminancia mínima para locales comerciales e industriales.

Tipo de Recinto	*Iluminancia (Lux)*
Atención administrativa	300
Bibliotecas	400
Cocinas	300
Gimnasios	200
Oficinas	400
Pasillos	100
Policlínicos	300
Salas de cirugía menor	500
Salas de cirugía mayor, quirófanos (*)	500
Salas de clases, párvulos	150
Salas de clases, educación básica	200
Salas de clases, educación media	250
Salas de clases, educación superior	300
Salas de dibujo	600
Salas de Espera	150
Salas de Pacientes	100
Salas de Profesores	400

Tabla 11.25
Iluminancia mínima para locales educacionales y asistenciales.

(*) Corresponde a la iluminación general de la lámpara quirúrgica.

11.5. Norma DIN 5035

DIN 5035 y
DGE 017-AL-1/1982

*Categoría de Iluminación
y Valores de Iluminación
para tipos Genéricos de
Actividades en Interiores*

Tipo de Actividad	Categoría de iluminación	Iluminanción Nominal lx
Espacios públicos con alrededores oscuros	A	20-30-50
Simple orientación para visitas cortas temporales	B	50-75-100
Recintos de trabajo-tareas visuales sólo ocacionalmente	C	100-150-200
Realización de tareas visuales de gran contraste o tamaño	D	200-300-500
Tareas visuales contraste medio o pequeño tamaño	E	500-750-1000
Tareas visuales bajo contraste y muy pequeño tamaño	F	1000-1500-2000
Tareas visuales bajo contraste y muy pequeño tamaño a través de período prolongado	G	2000-3000-5000
Realización de tareas visuales muy prolongadas y exactas	H	5000-7500-10000

DGE 017-AL-1/1982

*Factores de Ponderación para
la Selección Específica de la
Iluminación Nominal*

a) Para categorías de iluminación "A" hasta "C".

	Factor de Ponderación		
Características del Recinto y Ocupantes	-1	0	+1
Edad de los ocupantes en años	Menor de 40	40 a 55	Mayor de 55
Grados de Reflexión de las Superficies del recinto (*)	Mayor de 70%	De 30 a 70%	Menor de 30%

b) Para categorías de iluminación "D" hasta "H".

* Promedio de los grados de relfexión de las superficies involucradas que puede incluir la reflexión de las paredes, piso y techo.

	Factor de Ponderación		
Características de la Tarea y del Trabajo	-1	0	+1
Edad de los trabajadores en años	Menor de 40	40 a 55	Mayor de 55
Velocidad y/o Precisión	No importante	Importante	Crítico
Grados de Reflexión sobre la superficie en la que se realiza la tarea	Mayor de 70%	De 30 a 70%	Menor de 30%

Norma DIN 5035 alumbrado artificial de interiores.

DGE 017-AI-1/1982

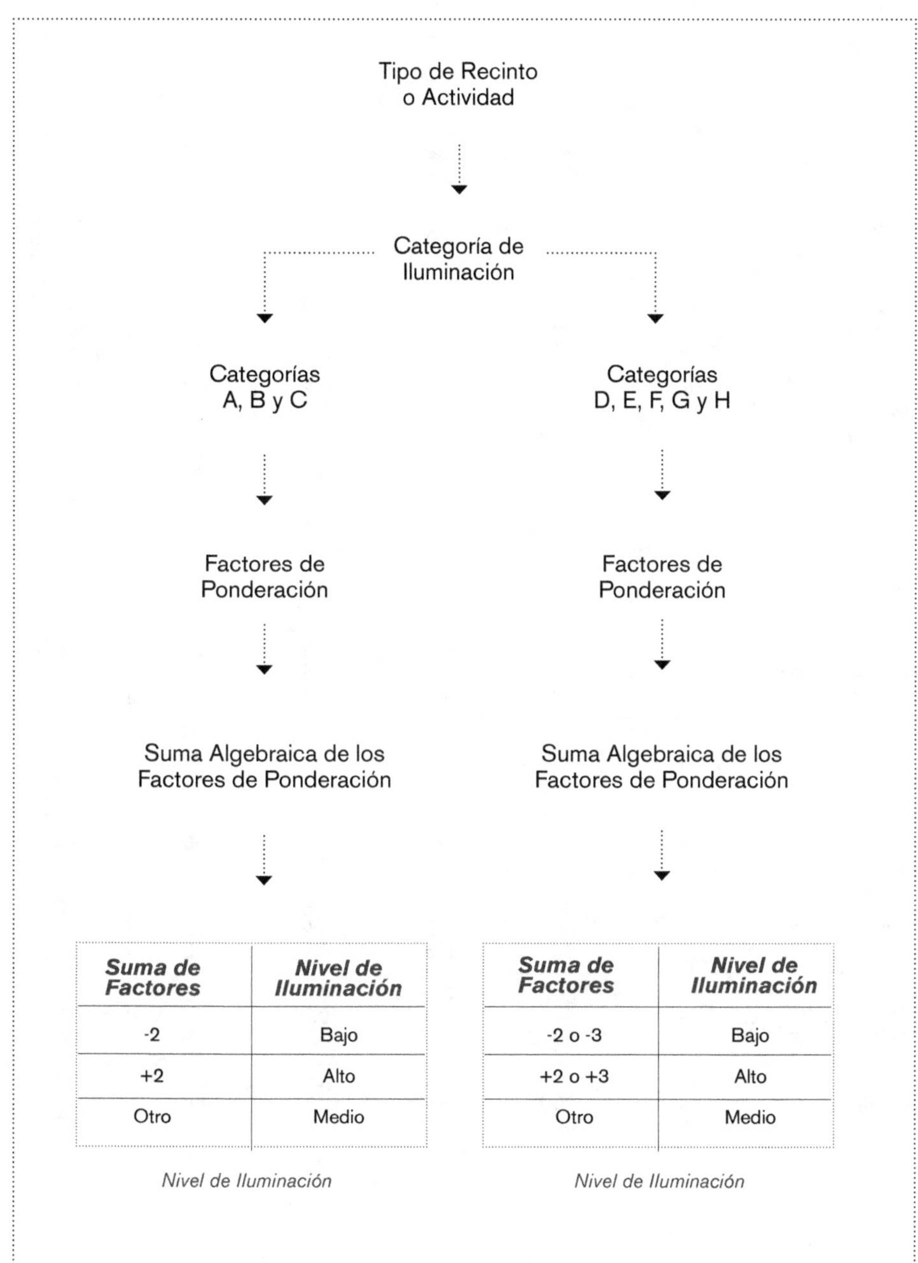

11.6. Recomendaciones para actividades deportivas

Deporte	Nivel	E (lux)	U1	U2	Ra (%)	°K
Atletismo En sala	t/r	200	0.3	0.5	65	2.000
	ca	300	0.4	0.5	65	4.000
	cp	500	0.5	0.7	65	4.000
Al aire libre	t/r	100	0.2	0.3	20	2.000
	ca	200	0.2	0.3	20	2.000
	cp	400	0.4	0.5	65	4.000
Bádminton	t/r	300	0.4	0.6	65	4.000
	ca	600	0.5	0.7	65	4.000
	cp	800	0.4	0.7	65	4.000
Béisbol En el campo	t/r	150	0.3	0.5	65	4.000
	ca	300	0.4	0.6	65	4.000
	cp	750	0.5	0.7	65	4.000
Fuera del campo	t/r	100	0.2	0.3	65	4.000
	ca	200	0.3	04	65	4.000
	cp	500	0.4	0.5	65	4.000
Básquetbol En la sala	t/r	300	0.4	0.6	65	4.000
	ca	400	0.5	0.7	65	4.000
	cp	600	0.5	0.7	65	4.000
Al aire libre	t/r	100	0.2	0.3	60	2.000
	ca	200	0.3	0.4	60	2.000
	cp	n.a.				
Carrera bicicleta En la sala	t/r	200	0.3	0.4	65	4.000
	ca	300	0.4	0.4	65	4.000
	cp	500	0.4	0.5	65	4.000
Al aire libre	t/r	100	0.2	0.3	20	2.000
	ca	200	0.4	0.5	65	4.000
	cp	400	0.4	0.5	65	4.000
Bolos	t/r	200	0.3	0.5	65	3.000
	ca	200	0.3	0.5	65	3.000
	cp	400	0.3	0.5	65	3.000
Esgrima	t/r	300	0.4	0.6	65	4.000
	ca	600	0.5	0.7	65	4.000
	cp	800	0.5	0.7	65	4.000
Fútbol En la sala (cubierto)	t/r	300	0.4	0.6	65	4.000
	ca	400	0.5	0.7	65	4.000
		600	0.5	0.7	65	4.000
Al aire libre	t/r	100	0.4	0.6	65	4.000
	ca	200	0.5	0.7	65	4.000
	cp	500	0.5	0.7	65	4.000

Deporte	Nivel	E (lux)	U1	U2	Ra (%)	°K
Gimnasia	t/r	300	0.4	0.6	65	4.000
	ca	400	0.5	0.7	65	4.000
	cp	600	0.5	0.7	65	4.000
Hockey En sala	t/r	300	0.4	0.6	65	4.000
	ca	600	0.5	0.7	65	4.000
	cp	800	0.5	0.7	65	4.000
Al aire libre	t/r	100	0.4	0.6	65	4.000
	ca	250	0.5	0.7	65	4.000
	cp	500	0.5	0.7	65	4.000
Artes Marciales	t/r	500	0.4	0.6	65	4.000
	ca	1.000	0.5	0.7	65	4.000
	cp	2.000	0.5	0.7	65	4.000
Tenis	t/r	250	0.4	0.6	60	2.000
	ca	500	0.4	0.6	65	4.000
	cp	750	0.4	0.6	65	4.000
Rugby	t/r	100	0.4	0.6	65	4.000
	ca	200	0.5	0.7	65	4.000
	cp	500	0.5	0.7	65	4.000
Natación En la sala	t/r	200	0.3	0.5	60	3.000
	ca	300	0.3	0.5	60	3.000
	cp	500	0.3	0.5	60	3.000
Voleibol En la sala	t/r	300	0.4	0.6	65	4.000
	ca	400	0.5	0.7	65	4.000
	cp	600	0.5	0.7	65	4.000
Al aire libre	t/r	100	0.4	0.6	65	4.000
	ca	200	0.5	0.7	65	4.000
	cp	500	0.5	0.7	65	4.000

Simbología:

t: Entrenamiento (amateur y profesional)
r: Recreación general
ca: Competición nacional (amateur)
cp: Competición nacional e internacional
E: Iluminancias horizontales mínimas (mantenidas)
n.a: No aplicable
U1: Uniformidad de iluminancia: Emin/Emax
U2: Uniformidad de iluminancia: Emin/Emed
Ra: Índice de reproducción cromática
°K: Temperatura de color correlativa (kelvin)

Recuperado de Philips (1995) pag. 359 - 365

11.7. Materiales y factores de reflexión

Factores de reflexión de algunos papeles
coloreados de reflexión difusa

Color	Claro	Medio	Oscuro
Rojo	0,35	0,20	0,10
Marrón	0,50	0,25	0,08
Beige	0,65	0,45	0,30
Amarillo	0,70	0,50	0,30
Verde	0,60	0,30	0,12
Azul	0,50	0,20	0,05
Blanco	0,80	0,70	
Gris	0,60	0,35	0,20
Negro		0,04	

Factores de reflexión de algunos materiales

Material	Transmisión	Difusión
Seda blanca	0,35 - 0,40	Fuerte
Pergamino	0,45 - 0,50	Fuerte
Papel pergamino	0,30 - 0,35	Fuerte
Plástico claro	0,90 - 0,95	Ninguna
Plástico opalino	0,85 - 0,90	Fuerte
Plástico rugoso	0,90 - 0,95	Moderada
Vidrio transparente	0,90 - 0,93	Ninguna
Vidrio esmerilado	0,55 - 0,65	Moderada
Vidrio opalescente	0,60 - 0,85	Completa
Vidrio opalino	0,10 - 0,40	Fuerte
Vidrio con figuras	0,90 - 0,95	Moderada
Vidrio con figuras y esmerilado	0,75 - 0,80	Fuerte

Philips. Lighting Course Part 1. Lesson 4. Reflection, absorption and trannsmission. Printed in Holand 12/67.

ANEXOS

Anexo 1. Luz Natural

Trayectoria del sol

El sol es la principal fuente de energía del planeta, siendo un recurso fundamental para el diseño de arquitectura. Es importante considerar su trayectoria porque el clima va variando a lo largo del año, y así mismo aporta en cada estación distintos recursos que es preciso saber aprovechar, para alcanzar, de esta manera, el confort al interior del edificio. Desde el punto de vista de la arquitectura bioclimática, es necesario comprender que el acceso al sol es favorable en invierno y desfavorable en verano. *(Bustamante, 2009)*

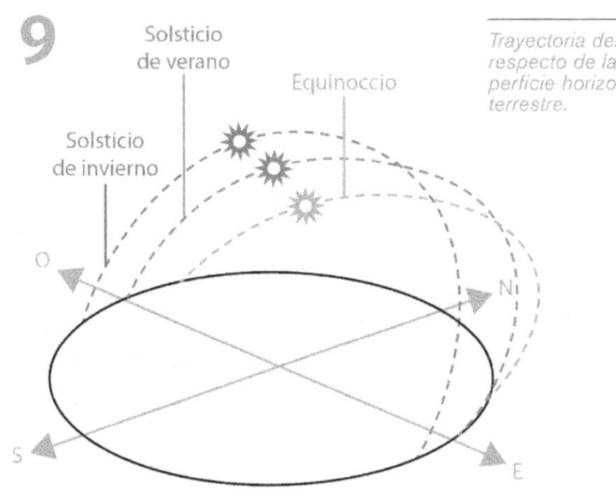

Trayectoria del sol respecto de la superficie horizontal terrestre.

En la figura 9 se da a conocer la trayectoria del sol, que varía de acuerdo a la época del año. El menor ángulo respecto de la horizontal se da en el solsticio de invierno y el mayor en el solsticio de verano. La trayectoria del sol para todos los días del año está entre estos solsticios. Para un determinado lugar, los ángulos del solsticio de invierno y verano están dados por su latitud.

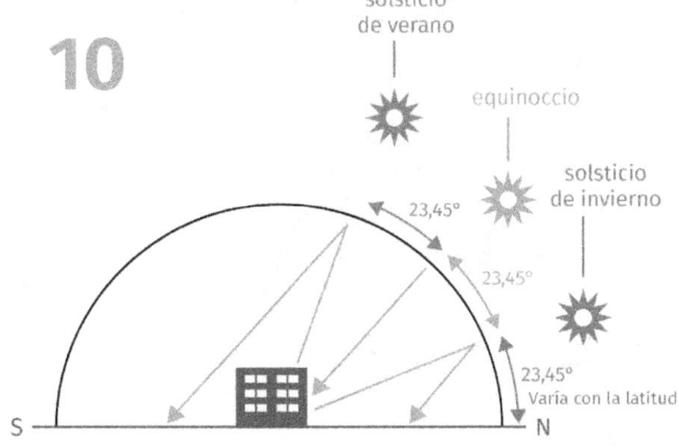

La proyección en el plano horizontal de la tierra de la trayectoria del sol en un lugar (con cierta latitud).

La trayectoria del sol representada en planta para distintos días del año es lo que constituye el diagrama de trayectoria solar para diferentes latitudes. Este diagrama permite conocer la posición del sol en cualquier día y hora para cada una de las latitudes.
(Ver figura 11)

En la figura 12 se muestra un ejemplo de una cierta latitud. En ella los círculos concéntricos representan la altura solar y las líneas concéntricas el azimut. El círculo externo corresponde al horizonte (ángulo del sol a 0° respecto de la horizontal). El punto central representa un ángulo de altura solar de 90°. Para comprender el lenguaje sobre los ángulos de posición del sol se puede observar el dibujo de la figura 13.

De esta manera, conociendo la trayectoria del sol para un lugar determinado, es posible tomar decisiones referidas a la distribución de los espacios interiores del edificio, tamaño y ubicación de ventanas, protecciones solares, ubicación de sistemas de aprovechamiento de la energía solar y otros.
(Bustamante, 2009)

Trayectoria del sol respecto de la superficie horizontal terrestre proyectada en planta para equinoccios y solsticios.

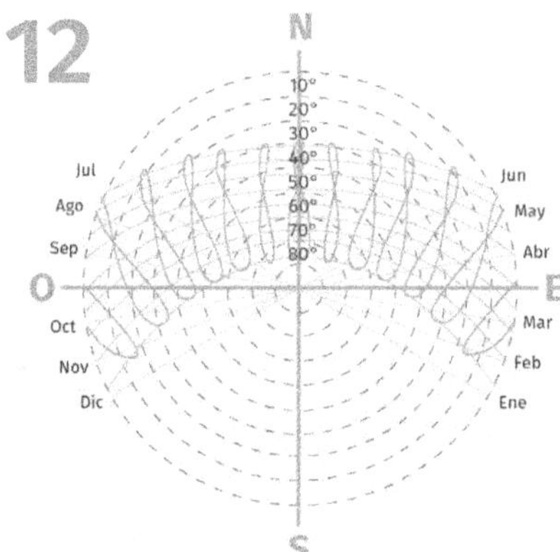

Diagrama de trayectoria del sol para latitud determinada (36,5° S; 72,4 °W).

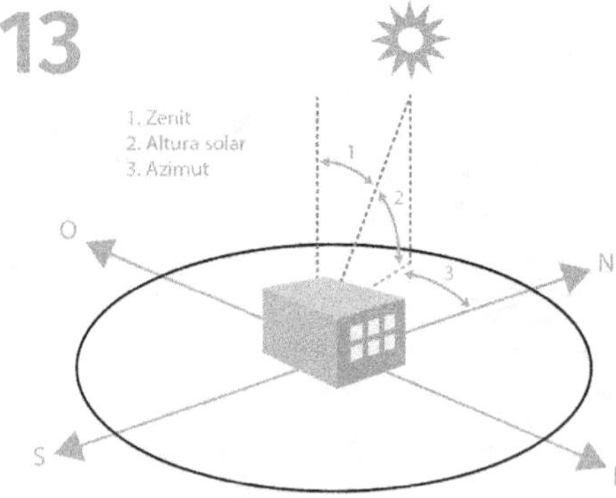

Ángulos de posición del sol

Anexo 2. Color RAL: Factores de Reflexión

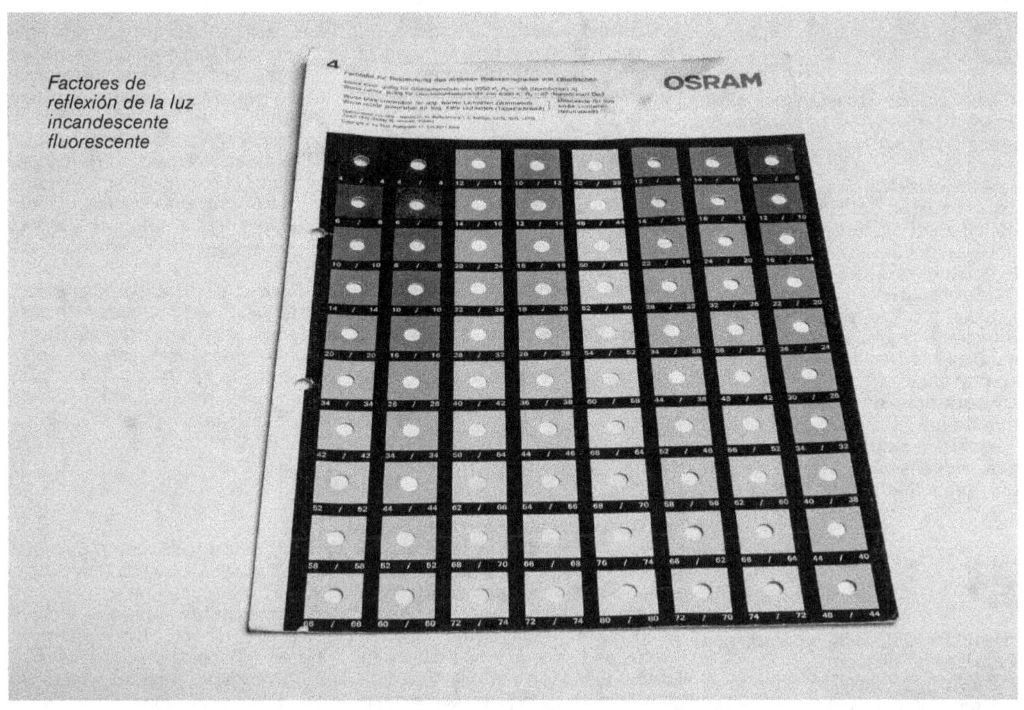

Factores de
reflexión de la luz
incandescente
fluorescente

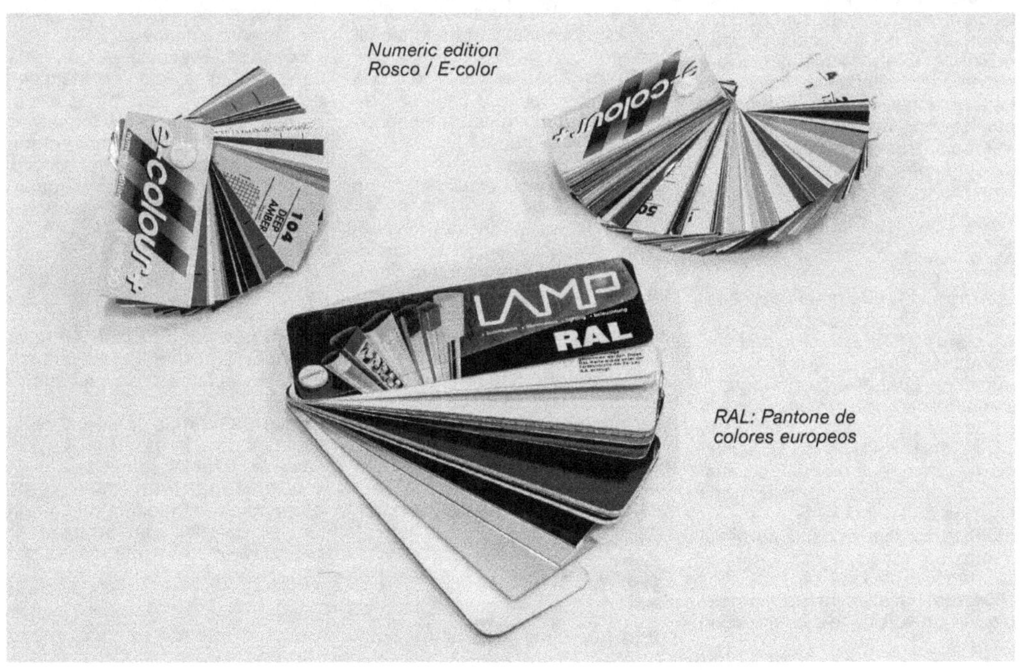

Numeric edition
Rosco / E-color

RAL: Pantone de
colores europeos

Anexo 3. Glosario

A

· **Absorción**: Transformación de energía radiante en otra forma de energía por interacción con la materia.

· **Acomodación**: Modificación de los elementos ópticos del ojo, generalmente espontánea, a fin de obtener agudeza visual a diferentes distancias.

· **Adaptación**: Proceso de modificación de las propiedades del órgano de la visión según las luminancias o estímulos de color que se presentan.

· **Apariencia de color**: Temperatura de color.

· **Apertura del haz**: Ángulo en el cual la intensidad luminosa alcanza un porcentaje determinado de su intensidad máxima.

B

· **Balasto**: Dispositivo utilizado con lámparas de descarga.

· **Bastones**: Células receptoras del ojo. Funcionan con la luz débil para producir las sensaciones acromáticas de la visión nocturna.

· **Brillo**: Efecto luminoso sobre superficies brillantes o materiales transparentes. El brillo se produce por reflexión de la fuente de luz o refracción; depende de la luz dirigida de fuentes puntuales.

C

· **Campo visual**: Porción del espacio que el ojo es capaz de ver.

· **Celsius (°C)**: Es la unidad termométrica cuyo 0 se ubica en el punto de congelación del agua y su intensidad calórica equivale a la de Kelvin.

· **Claridad**: Atributo de la sensación visual donde un cuerpo transmite o refleja en forma difusa una fracción de luz incidente.

· **Color**: Es una longitud de onda, dentro del espectro visible de espectro electromagnético.

· **Conos**: Células receptoras del ojo, responsables de la visión en color.

· **Confort visual**: Calidad de una iluminación en cuanto a iluminancia, ausencia de deslumbramiento y reproducción cromática.

· **Contraste**: Comprobación subjetiva de la diferencia en apariencia de dos partes de un campo de visión observados simultáneamente.

· **Cuerpo negro**: Cuerpo que absorbe todas las radiaciones que caen sobre él, sin transmitir o reflejar ninguna de ellas.

· **Curva planckiana**: Es la ruta de acceso que el color de un cuerpo negro incandescente tomaría en un espacio cromático particular, como los cambios de temperatura de un cuerpo negro.

D

· **Deslumbramiento**: Excesivo brillo que puede causar molestia, disconfort o pérdida de visibilidad. Puede tener causas fisiológicas o psicológicas, y variar en intensidad.

· **Difusión**: Modificación de la distribución espacial de un haz de radiación, cuando por una superficie o medio se desvía en varias direcciones sin alterar la frecuencia de sus componentes monocromáticos.

· **Difusor**: Aparato que modifica la distribución del flujo luminoso de una lámpara, utilizando fenómenos de difusión.

· **Dimmer**: Dispositivo en circuito eléctrico que varía el flujo eléctrico de las lámparas.

· **DIN**: Deutsches Institut für Normung (Instituto Alemán de Normalización). Es el organismo nacional de Alemania que establece los estándares técnicos y normativas para regular la ciencia, energía, etc.

· **Dispersión**: Ver Difusión.

· **Divergencia**: (De un haz) Extensión de un ángulo en un plano determinado que contiene todos los radios vectores de la curva polar de la intensidad luminosa, cuyas longitudes son mayores que fracciones especificadas del máximo.

E

· **Energía**: La energía es el insumo que permite desarrollar prácticamente todos las actividades del ser humano, por lo que la disponibilidad o falta de esta repercute directamente en ámbitos económicos, sociales y medioambientales.

· **Eficacia**: Relación entre flujo luminoso y consumo de una lámpara.

· **Eficiencia energética**: Cantidad de energía aprovechada versus la energía consumida para ese efecto.

· **Espectro electromagnético**: Distribución de las ondas electromagnéticas que se extiende desde la radiaciones de longitud de onda, como los rayos gamma y los rayos X, ultravioleta, la luz visible, los rayos infrarrojos y ondas de radio.

F

· **Flujo luminoso**: Es la cantidad total de luz radiada por una lámpara. Se mide en lúmenes.

· **Fuente de luz**: Es todo aquel objeto capaz de emitir luz. Pueden ser fuentes primarias o secundarias.

· **Fotometría**: Medida del brillo que producen diferentes radiaciones, evaluadas según la función de rendimiento luminoso.

· **Fotones**: Partícula responsable de las manifestaciones cuánticas del fenómeno electromagnético, portadores de todas las formas de radiación electromagnética, percibidas por el ojo como luz visible. También llamada cuantum o quantos.

I

· **Iluminancia**: Relación entre el flujo luminoso que llega a una superficie y el tamaño de esta superficie.

· **Incandescencia**: Emisión de la radiación óptica mediante el proceso de radiación térmica.

· **Intensidad luminosa**: Es la cantidad de luz radiada en una dirección determinada. Se mide en candelas.

K

· **Kelvin (°K)**: Es la unidad de temperatura de la escala creada por William Thomson (Lord Kelvin), en el año 1848, sobre la base del grado Celsius, estableciendo el punto cero en el cero absoluto (−273,15 °C) y conservando la misma dimensión calórica que Celsius.

L

· **Lámparas**: Dispositivo que produce luz, siendo la luminaria el utensilio o aparato que le sirve de soporte.
· **LED**: Light Emitting Diode (diodos emisores de luz), es un dispositivo semiconductor que emite luz.
· **Longitud de onda**: Distancia entre dos puntos sucesivos de una onda periódica, en la dirección de la propagación, en los cuales la oscilación tiene la misma fase.
· **Louvre**: Pantalla construida por elementos translúcidos opacos que forman una rejilla, para control de deslumbramiento.
· **Luminancia**: Relación entre la intensidad luminosa de una superficie (que irradia, refleja o transmite luz) y la superficie aparente desde un lugar de observación.
· **Luminaria**: Aparato de alumbrado que transforma y propaga la luz emitida por una fuente.
· **Luz**: Onda electromagnética generada por oscilaciones de campos eléctricos magnéticos. Ocupan una parte muy pequeña del espectro, con una longitud de onda que va desde los 380 a los 780 nm.

M

· **Medidas fotométricas**: Corresponden a las medidas de la luz, las cuales posibilitan entender el comportamiento de las radiaciones luminosas desde que salen de la fuente hasta que llegan al ojo y permiten la visión.

P

· **Plano de trabajo**: Superficie de referencia en la cual se realiza el trabajo. Puede ser vertical u horizontal.
· **Potencia**: Cantidad de trabajo ejercido por unidad de tiempo. Para efectos de luz, energía consumida para la emisión de radiación. Se mide en Watts (W).
· **Proyector**: Artefacto para iluminación dirigida.

R

· **Ra**: Índice de reproducción cromática.
· **Radiación**: Emisión o transporte de energía en forma de ondas electromagnéticas o partículas.
· **Reflexión**: Ocurre cuando los rayos de luz que inciden en una superficie chocan en ella, se desvían y regresan al medio que salieron formando un ángulo igual al de la luz incidente
· **Reflectancia**: Relación entre el flujo luminoso reflejado y el flujo incidente.
· **Refracción**: Cambio de la dirección de propagación de la radiación, al pasar de un medio a otro.
· **Rendimiento de color**: Grado de exactitud con que se reproducen los colores de los objetos bajo una fuente de luz en particular, en relación a un patrón como el sol.
· **Rendimiento luminoso**: Relación entre flujo luminoso emitido y la potencia total consumida. Unidad: lumen por watt (lm/w).

S

· **Sistema visual**: Grupo de estructuras que comprenden el ojo, cuyo objetivo es la percepción visual.
· **Spotlight**: Lámpara proyectora de haz concentrado.

T

· **Tareas visuales**: Determinadas acciones que se realizan por medio de la visión.
· **Temperatura de color**: Se refiere a la temperatura a la cual un cuerpo negro emite energía luminosa del mismo color que la luz considerada.
· **Transmisión**: Paso de una radiación a través de un medio sin cambio de frecuencia de las radiaciones monocromáticas que la componen.

V

· **Visión**: Capacidad de interpretar nuestro entorno gracias a los rayos de luz que alcanzan el ojo.
· **Visión escotópica**: Visión del ojo normal cuando hay niveles de luminancia bajos. Los bastones son el principal elemento activo en estas condiciones. No se distingue color.
· **Visión fotópica**: Visión del ojo normal cuando hay altos niveles de luminancia. Están activos los conos, que aprecian el color.
· **Visión mesópica**: Visión en condiciones intermedias entre las de visión fotópica y escotópica. Limitada percepción de color.
· **Vida útil de una lámpara**: Tiempo después del cual el 50% de las lámparas de un grupo representativo fallan, o cuando una lámpara pierde más del 20% de su rendimiento, depreciándose su flujo luminoso y calidad.

W

· **Watt**: Unidad de medida utilizada para representar la potencia eléctrica. Sirve para medir la cantidad de energía que se consume.

Z

· **Zonificación**: indica la división de un área geográfica en sectores homogéneos conforme a ciertos criterios.

Philips 1995. pag. 399 - 417

Anexo 4.
Bibliografía

Libros y cuadernillos:

ANFALUM (2004). La buena iluminación: Tiendas y centros comerciales. (1ra ed.)
España: AENOR.

ERCO. (2009). Un discurso de la luz: Entre la cultura y la técnica. Lüdenscheid, Alemania
Fehrman, Keneth y Cherie. (2001). Color: El secreto y su influencia. México:
Pearson Education.

Fördergemeinschaft Gutes Licht. Good Lighting for Museums, Galleries and
Exhibitions. Número 7.

Gregory, Richard L. (2007) Eye and Brain, The psychology of seeing (5ta ed.).
Nueva York, Estados Unidos: Oxford University Press.

IESNA. (2000). Recommended Practice on Lighting for Education Facilities. IESNA
New York. ANSI IESNA RP-3-00.

IESNA. (2007). Lighting and the visual environment for senior living. ANSI IESNA
RP-28-07.

Illuminating Engineering Society (IES). Light + Design: A guide to designing quiality
lighting for people and buildings. (9na edición). Estados Unidos: ISBN # 978-0-
87995-231-0.

Ortiz, Georgina. (2004). El significado de los colores (2nda ed.). México: Editorial
Trillas.

Philips (1985). Curso por Correspondencia sobre Aplicaciones del Alumbrado. Capítulo
2: Historia de la luz y del Alumbrado. LIDEC Centro de Diseño e Ingeniería de
Alumbrado. Holanda: Philips Internartional B.V.

Philips. (1995). Manual de Iluminación. (Primera edición en español). Philips Argentina S.A.

Rea, Mark. (2000). Lighting Handbook. IESNA. (9na ed.) Estados Unidos: IES.

Rea, Mark. (2007). More than vision. Italia: Editorial Domus.

Salcedo, Rodrigo y De Simone, Liliana. (2012). Los malls en Chile. 30 años. Chile:
Cámara Chilena de Centros Comerciales.

Tornquist, Jorrit. (2008). Color y luz: teoría y práctica (1a ed.). Barcelona: Gustavo
Gili,SL.

Papers y Presentaciones digitales:

AChEE. (2012). Guía Técnica de Iluminación Eficiente en el Sector Retail. Santiago, Chile. Recuperado de http://www.acee.cl/areas/edificacion/guias.

Bustamante, Waldo. (2009) Guía de Diseño para la Eficiencia Energética en la Vivienda Social.

ERCO. (1992). Ganslandt, Rüdiger y Hofmann, Harald. Como planificar con luz. ERCO, Editorial Vieweg, ISBN 3-528-08895-8.

ERCO (2013). Iluminación con LED: Fundamentos, Optoelectrónica, Herramientas de iluminación y aplicación. N° art. 10.29470.000 ES 02.
Recuperado de: http://www.erco.com/cdn/downloaddata/2014/30_media/55_erco_ledbrochure/es_erco_led_lighting.pdf.

Guaspari, Eduardo. Información básica para proyectar la iluminación de negocios. Osram Leonard Covarrubias, Douglas (2015). Presentaciójn digital Luminotecnia

Padilla, Marcelo. (2012). Estrategia Para la Iluminación Eficiente – Taller En.lighten. Ministerio de Energía, gobierno de Chile.

Philips. (2009) Tiendas sugerentes: Iluminación para vender.
Recuperado de: http://www.lighting.philips.cl/pwc_li/main/shared/assets/downloads/pdf/Tiendas%20Sostenibles.pdf.

Philips. (2013). Lámparas Fluorescentes T8 de ®Philips con tecnología ALTO. Alto desempeño, Ahorro de Energía y Ambientalmente Responsables. Colombia.

Philips Lighting (2014). Iluminación Comercial. Master Colour CMD, Haluros metálicos, Halógenas, Fluorescentes compactas, Fluorescentes. Recuperado de http://www.ilumec.com.

Ministerio de Energía (2013). Estrategia Nacional de Iluminación Eficiente (ENIE) 2013 - 2017. Plan de acción de eficiencia energética 2020. Recuperado de http://www.minenergia.cl/documentos/otros-documentos.html.

Schweitzer, Nicola (2014) Limbic® Lighting: Target group-lighting of shop and retail areas. Gruppe Nymphenburg Consult AG, Munich. Zumtobel Research.

Socelec. (2011). LED Generation: El ADN de Socelec. Guadalajara, México.

Targetti Poulsen (2011). Luz modulada: a Florentine story of success since 1928.